Basics of Inheritance and Donation

これだけは知っておきたい

「相続・贈与」の基本と常識

改訂版

相続・贈与の悩みは
この1冊ですべて解消!

◉ムダな相続税を取られないためには?
◉相続を巡るトラブルを防ぐには?
◉相続税・贈与税の計算は?
◉かしこい遺言の遺し方は?

税理士法人レガシィ【著】

フォレスト出版

大増税の時代が来た！
相続税が普通の人にも課税される！――まえがき

◆「相続税・贈与税」は一部の〝お金持ち〟の問題ではない！

高齢化社会がますます加速しています。この本を手にした方のなかにも、高齢の親を持つケースは多いでしょう。介護問題に悩まされているかもしれません。

親が亡くなって困るのは、子供です。

たとえば70歳代の親が亡くなり、50歳代～30歳代の子供が遺された……。よくあるケースです。このとき、相続税以前に誰が何をもらうのか――という遺産配分の問題があります。

親が亡くなってから、**遺族の間で遺産相続や配分を巡るトラブルが起こることは、少なくありません**。これが高額の遺産になると、遺産相続は人間関係のトラブルにも及び、相続を巡る刑事事件さえ起こります。

相続には人間関係の複雑さだけでなく、〝金銭〟が絡んでくるのです。

この本は、**そもそも相続税・贈与税とはどういうものか、という基本と常識を中心に書きました**。税額計算はどうするのか、事前対策はどう立てればいいか……など、いろいろなケースを想定してあります。事前の「節税対策」にも触れました。さらに、イザというときのトラブル対策も解説してあります。

親が亡くなるのは悲しいことです。しかし遺された親族間で無用な争いが起こるのは、同じくらい悲しいことです。そういうことは防ぎたいものです。

相続税・贈与税は、一部の人の問題だけではなくなっています。若年層に比べ比較的〝裕福な〟今の70代、80代が、これから亡くなります。そうなると、**誰にでも身近な税金になる**のです。税金を支払うために土地を売ってお金をつくるようなことは、できれば避けたいものです。そのために必要なのは、相続税・贈与税とはどういうものかを押さえることです。

◆いま、「相続」は大きく変わっています！

ここ数年、相続に関する法律や制度の改正が相次いでいます。むかし聞いていたような相続についての知識は、もはや古いと言ってよいでしょう。

とくに平成27年以後の相続に適用された相続税・贈与税の大改正――、これは相続に関心を持たれている皆さんの記憶に新しいところと思います。

何と言っても、**20年以上据え置かれていた基礎控除が、6割の水準に引き下げられたこと、それに加えて相続税の最高税率の引上げと税率構造の見直しが行なわれた**ことが最大の関心事でしょう。

これにより、相続税が課税される人は以前の2倍程度に増え、税額も改正前に比べて大幅に増えました。


しかし同時に、次世代への資産移転の促進を主眼として、贈与税の税率構造の一部が引き下げられています。また、相続時精算課税制度の適用対象者が追加され、適用要件が緩和されていることなども見逃せません。

その詳細については本文の中で詳しく触れていきますが、**要するに子や孫などの直系卑属《ひぞく》に対する贈与が、大幅にしやすくなっている**のです。

私どもは、相続税の累計申告件数が、すでに1万5000件を超えている相続ナンバーワンの税理士法人です。その私どもから見てもこれらの改正は、相続を巡る環境を以前とは大きく変えたのではないかと思われます。

◆ちょっとした遺産でも、相続税はかかってきます!

相続に関する不安は尽きないものです。

「改正された相続税はどれくらい払うことになるの?」
「そもそも自分はどれくらい財産をもらえるの?」
「相続ってどんなしくみになっているの?」
「遺言の効果はどこまであるの?」

毎年課税される所得税などと違って、相続税を払うのは一生のうちに一度か二度です。しかし上手に節税しないと、その一度か二度に多くの相続税がかかったり、相続税に絡んださまざまなトラブルに巻き込まれてしまいます。

その意味で**相続税は、非常に恐い税金**とも言えるでしょう。

しかし恐がってばかりでもいけません。財産を残す側も受け取る側も、相続に関する正しい知識を持つことが、「相続争い」や「相続税・贈与税の払い過ぎ」を防ぐことになります。

実際のところ、資産家以外は「相続税」なんて関係ない、と思っている人も多いと思います。たしかに、被相続人（亡くなった人）の財産が３６００万円以下であれば、相続税はかかりません。

しかし、**「相続税」はすべての財産の総額に対してかかってきます。土地建物だけでなく、貯金、株式など、合計すると意外と遺産が多かったというケースは少なくありません。**このとき、相続税のことを知っていれば、事前に対策を立てて節税もできます。

相続税を払うために先祖代々の土地を処分した、という話をときどき聞きます。相続税は高額になることも多く、しかもそれを10カ月以内に払わなくてはなりません。まとまったお金を一度に用意しなければならないのですから、どうしても「土地建物を処分して現金を用意する」という事態にもなるのです。

◆何も知らないと余分な税金を払うことになる！

相続税・贈与税のことを知らないと余分な税金を払うことになってしまいます。逆に言うと、知っていれば税金を安くできるのです。

実例1 相続税は安くできないの？

相続税は、税金のなかでもとくに「知らないと損する」ことが多い税金です。次にあげるAさんの場合も「知らなくて損」をしてしまった典型的な例でしょう。

Aさんは、更地の土地を持っていました。しかし、Aさんはいろいろ考えた結果、更地のままにしておこうと決めたのです。「アパートを建てるお金もないし、いざとなったら売れるように更地のままにしておこう」と考えたからです。

そして、ある日Aさんが亡くなりました。Aさんの持っていた更地は相続税評価額1億円。当然、多額の相続税がかかってきます。

では、Aさんが相続対策として、アパートを建てていたらどうなっていたでしょうか。

土地の有効活用法については後で詳しく述べますが、アパートを建てると「貸家建付地《かしやたてつけち》」（↓114ページ）の評価や「小規模宅地等の評価減の特例」（↓116ページ）が適用できます。その結果、相続税評価額は1580万円まで下がるのです。

つまりきちんと相続対策をしていれば、納税の必要はなかったわけです（↓232ページ）。

実例2 親の借金は絶対に払う義務があるの？

Bさんは、多額の借金を残して亡くなりました。しかしBさんの家族は、人の話で「借金も財産になるけど、今の法律では親の借金を子供が払う義務はない」と聞いていたので安心していました。ところが、Bさんが死亡した半年後に、Bさんの長男のところに借金の取立てが！　長男は驚いて、初めて相続に関する本を買い込んだそうです。

相続税では、「相続放棄」（↓90ページ）をすれば、借金を引き継がないで済むことになっています。しかし、**「相続放棄」は被相続人が死亡してから3カ月以内に申請しなければなりません**。つまりBさんの家族は、相続税のことを知ってキチンと手続きをしていれば、借金を返す必要などなかったのです。

その後Bさんの家族は、多額の借金を背負って生きていくことになり、長男は自宅を売ったうえに借金も払わなくてはなりませんでした。家族はBさんを恨むようになり、誰一人として墓参りに訪れないと聞きました。悲しい話です。

◆財産が少なくても「相続争い」は起こります！

「相続・贈与」というと、多くの人が「節税」のことを思い浮かべます。しかし、「節税」だけを考えていても問題は避けられません。

もちろん「節税対策」は大切ですが、同じぐらい大切なのが「もめない対策」です。なぜなら、**たとえ財産が少なくても「相続争い」は起こる**からです。

ではそもそも、「相続争い」とはどのような原因で起こるのでしょうか。

実例3　どうすれば相続争いは防げたのか？

Cさんは、ある地方都市で長男家族と一緒に生活しています。Cさんは、「自分はたいした財産も持っていないし、3人いる子供たちも仲がいいので相続対策なんて関係ない」と思っていました。したがって、Cさんの残した財産は自宅のみ。すでに、3人の子供たちも独立していたので生命保険にも加入していませんでした。

ところが、いざCさんが亡くなると、**「どうして、兄貴は家がもらえるのに、おれ達は一銭ももらえないんだ！　兄貴が親父の面倒をみてきたのは認めるけど、一銭ももらえないの**

は納得できない！」と次男と三男から不満が出たのです。

ここから泥沼の争いが始まりました。結局は、長男が自宅を売って、現金にした後に３人で現金を分けましたが、その後は、親戚付き合いというものはなくなり、一周忌の法要などでも家族全員が顔を揃えることはなくなっています。

＊

このように、たいした財産がなくても起こるのが「相続争い」です。Ｃさんの場合も、「相続なんて関係ない」と思っていたのが間違いでした。もし、Ｃさんが遺された家族がもめないような対策をしておけば、このようなトラブルは起こらなかったはずです。

スムーズな相続には「もめない対策」が大切です。

相続のトラブルは、思いもかけないところからも起こるものです。とくに、遺言書に「財産を○○（特定の人物）に譲る」と書かれているような場合は、必ずと言っていいほど遺族間の争いが起こります。

そんなとき、大きな力になるのは相続についての正しい知識です。

実例4 愛人&隠し子が出てきたらどうするの？

Dさんが亡くなったとき、遺された家族は相続のことを考える余裕がありませんでした。ところが、葬儀を終えてひと息ついた頃になって、Dさんの愛人とその子供らしき2人が突然あらわれたのです。

家族にとっては寝耳に水の話です。**その後「全財産は愛人に……」という遺言書が見つかりました。** Dさんの家族は、遺言書がある以上どうしようもないと思い込み、結局、全財産を愛人に渡しました。

しかし法律では、遺言書にどう書かれていても、家族には最低限の財産を遺留分（↓82ページ）として保障する制度があるのです。Dさんの家族もこのことを知っていれば、財産の半分は相続できたはずです。

実例5 連れ子は財産がもらえるの？

Eさんには、子供が3人います。このうち2人は前の奥さんとの子で一緒に生活していません。あと1人は今の奥さんの連れ子です。

しかし、Eさんは、今の奥さんの連れ子であるFさんをどの子よりも溺愛《できあい》していました。ですので当然、自分の財産はFさんが相続することになると思っていたのです。

そんなEさんが死亡しました。ところがFさんには相続権がないのです。おまけに、Eさんが何十年も会っていなかった前の奥さんとの子があらわれて、かなりの財産を渡すことになりました。**離婚しても、子供には相続権があるのです。法律では、連れ子に相続権を認めていません**（↓70ページ）。奥さんの連れ子などの血縁関係にない子供に財産を残すには、養子縁組をするか遺言書（↓第5章）を残す必要があったのです。

相続税は、〝血縁関係〟が重視される法律でもあります。

このように、相続のときにはいろいろなトラブルが起こります。無駄な税金を納めないように、また相続トラブルを起こさず、相続人（遺族）みんなが納得のゆく形で財産を分けられるように、知識を身につけておきたいものです。

そこで本書では、読者の方々が抱いている相続に関する不安を解消するために、「相続・

解説しました。

贈与の基本」から「相続税・贈与税のしくみ」、そして「節税対策」までを、わかりやすく

第1章、第2章では、そもそも相続・贈与とはなんだろうという点から、「どのくらいの財産を持っていると相続税・贈与税がかかるのか?」、「誰が財産を相続するのか?」などといった相続・贈与に関する基本的なことを説明します。

第3章、第4章では、「土地がいくらで評価されるか?」など財産の評価方法、「相続税はいくら?」といった相続・贈与税の計算方法を説明します。現時点で具体的な税額まで知る必要がないという人は、ここは読み飛ばしてもかまいません。

第5章では、「遺言書」について見ていきます。「遺言書」がある場合の相続方法から、トラブルを防ぐ遺言書の書き方までを説明します。

第6章では、相続・贈与が起こったときのスケジュールや手続きを説明します。とくに、相続では、人が死亡してから相続税の申告までの期間で遺族がやるべきことが、たくさんあります。亡くなったショックや葬儀などの疲れのなか、これはたいへんです。

最後の第7章は、節税対策の基本と常識として「誰でも簡単にできる節税方法」の説明です。興味のある項目から読んでいってもかまいません。

「税理士法人レガシィ」は、相続に特化した会計事務所として数多くの「相続・贈与」のケースを扱ってきており、豊富なデータとノウハウを持っています。

この実績をもとにして、近年の相続に適用される改正を加え、重要なポイントをわかりやすく説明しました。この本が皆さんの相続・贈与に際してお役に立てれば、これほどうれしいことはありません。

令和元年9月

税理士法人　レガシィ

社会の変化に応じて変わる相続——改訂にあたって

相続税・贈与税について定めている法律は相続税法ですが、そもそもの相続のしかたや決まりについて定めているのは、民法を中心とする法律です。

その**民法などの相続に関する定めが、約40年ぶりに大きく改正されました。令和元年7月から2年7月までに、順次施行**されます。

改正の内容は本文で詳しく説明していますが、遺された配偶者の長寿化、介護等に貢献する長男の妻などの増加、パソコンの一般化など、いずれも社会の変化に応じたものです。この改訂版ではそれらの改正に加え、最新の相続について説明しています。

◆遺された配偶者の権利が大幅に拡充されます!

自宅の相続について、所有権とは別に「配偶者居住権」というものが新設されます(↓96

ページ）。また、遺産分割まで住み続けられる「配偶者短期居住権」（↓96ページ）、配偶者への自宅の生前贈与を遺産分割の計算外にできる制度（↓80ページ）も設けられます。

これらの改正により、遺された配偶者は生活費の心配なく、亡くなるまで自宅に住み続けることが可能になるはずです。

◆遺言書の書き方・残し方が変わります！

自筆証書遺言の財産目録は、パソコンで作成できるようになりました。自筆証書遺言を法務局で預かる制度も始まります（↓180ページ）。

遺言のすべてを手書きする手間や、遺言書をどこにどう保管するかという悩みは、かなり軽減されるのではないでしょうか。

◆相続人以外の貢献も認められるようになりました！

長男の妻などが介護や家業の手伝いなどに貢献した場合、相続人に金銭の請求ができます（↓78ページ）。

被相続人が遺言書にきちんと書いて残す以外にも、相続人以外の貢献に報いる道が開けた

わけです。

このほか、故人名義の預貯金が遺産分割前でも一部払戻し可能になるなどの改正も行なわれています（↓198ページ）。

いずれも、相続する側、される側ともに、遺産分割や相続の手続きに大きな影響がある改正です。

改正の内容をしっかり押さえたうえで、余分な税金を払わないために、また「もめない相続」のために、制度を活用していただくことを切に願います。

令和元年9月

税理士法人レガシィ

〈おことわり〉

本書の内容はとくに断りがない限り、令和元年7月以後の相続・贈与を前提にしています。

改訂版

これだけは知っておきたい「相続・贈与」の基本と常識

目次

第1章

そもそも相続（税）・贈与（税）って、どんなもの？

最初に、相続・贈与の基礎知識を大まかに知っておきましょう

第2章 相続税のしくみとルールを知ろう！

むずかしそうな相続税のしくみを、ていねいにやさしく説明します

第3章

相続財産・贈与財産は、いくらで評価されるのか？

いろいろな財産が、どう評価されるかを詳しくわかりやすく説明します

第4章

相続税・贈与税は、どのように計算するのか？

これでわかった！　相続税・贈与税の計算方法

第5章 トラブルを防ぐ遺言書の「書き方・残し方」は？

遺言書に書くこと、発見した場合の対処法や相続分について知っておこう

第6章 相続・贈与の段取り、手続きを知っておこう！

相続・贈与が発生してからの具体的なスケジュール・各種手続きの進め方は？

第7章 これで税金が安くなる！ 節税対策の基本とは？

簡単で効果的な節税方法は、こんなにあります！

第1章

そもそも 相続(税)・贈与(税)って、どんなもの?

最初に、相続・贈与の基礎知識を大まかに知っておきましょう

1 相続（税）って、なんだろう

死亡した人の財産と相（すがた）を引き継ぐことを「相続」と言います

たとえばAさんが死亡すると、Aさんが所有していた財産は所有者のいない財産になってしまいます。そこで、Aさんの家族などがその財産を引き継ぐことになります。

この**財産を引き継ぐという行為が「相続」です。相続では、死亡して財産を残した人を「被相続人」、財産をもらう人を「相続人」と言います。**

つまり相続とは、被相続人（亡くなった人）の財産を、妻や子供などの相続人（遺された家族）が引き継ぐことです。そして、財産を引き継ぐときにかかってくる税金が相続税です。

「父が死んだけど、何も相続していない」という人もいるかもしれません。しかし何も受け取っていなくても、それは遺産分割や名義変更などの〝手続き〟が終わっていないだけです。もし父親にそれなりの財産があれば、相続税はかかります。

さらに、相続は財産だけでなく相（すがた）を引き継ぎます。「相」という字は、人相・

面相という使い方があり、「すがた」という意味があります。つまり、**目に見えない生き様・こだわり・後ろ姿などを続けていくのが「相続」**なのです。

なお、死亡ではなく行方不明のときは、最後に音信があった日を起点として、失踪期間が7年間になったときに初めて亡くなったとみなされます。この場合、行方不明者の夫や妻、相続することになる人などが家庭裁判所に届け出ます。これを**「失踪宣告」**と言います。

相続とは?

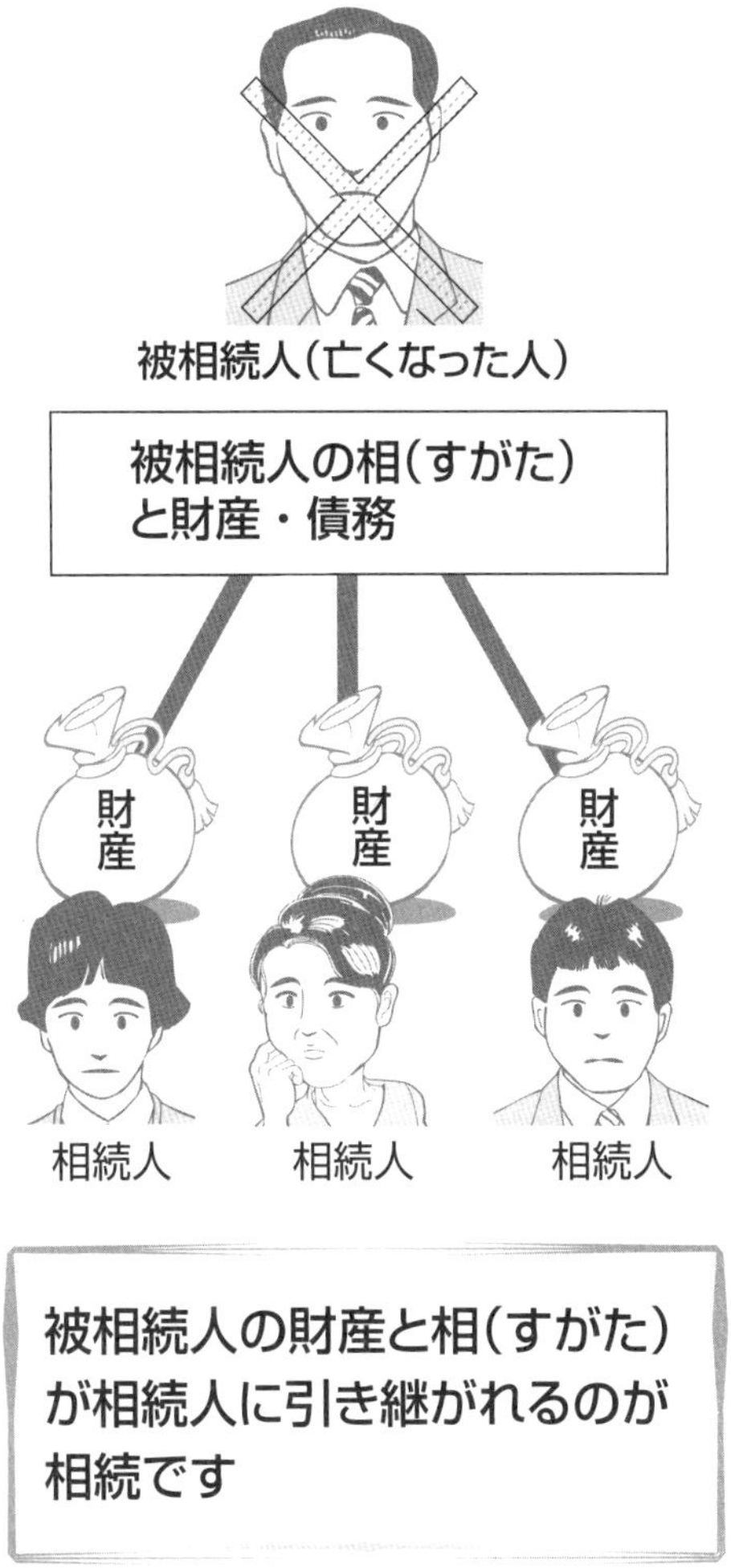

2 相続税は、いつかかるのだろう

相続税は被相続人(故人)が死亡した時点で計算されます

◇相続税対策には2つある

法的には、被相続人が亡くなった時点で相続は開始され、相続税が計算されます。相続の節税対策には2つあります。**1つは生前から考えて準備しておく対策、もう1つは相続発生後の対策**です。もちろん、生前から準備しておいたほうが多くの対策を立てられますが、相続発生後でも決して遅くはありません。

とはいえ、相続税の節税の基本は「生前対策」です。生前に、財産をきちんと計算し、相続税を算出し、多額の相続税がかかってきそうなら、税金があまりかからない程度に少しずつ財産を贈与するなどの対策を立てなければなりません。

では、いくら財産があると相続税がかかるのでしょうか。相続税に関して一番気になることが、この「誰に、いくらの」相続税がかかるのか、ということでしょう。これについてはいろいろと細かい規定がありますが（→第4章）、だいたいの目安は次項で説明します。

◇「死因贈与」と「遺贈」の場合にも相続税がかかる

相続税がかかるのは、これまで述べた「相続」の場合だけではありません。「遺贈」「死因贈与」の場合にも相続税が課税されます。

相続の開始とは?

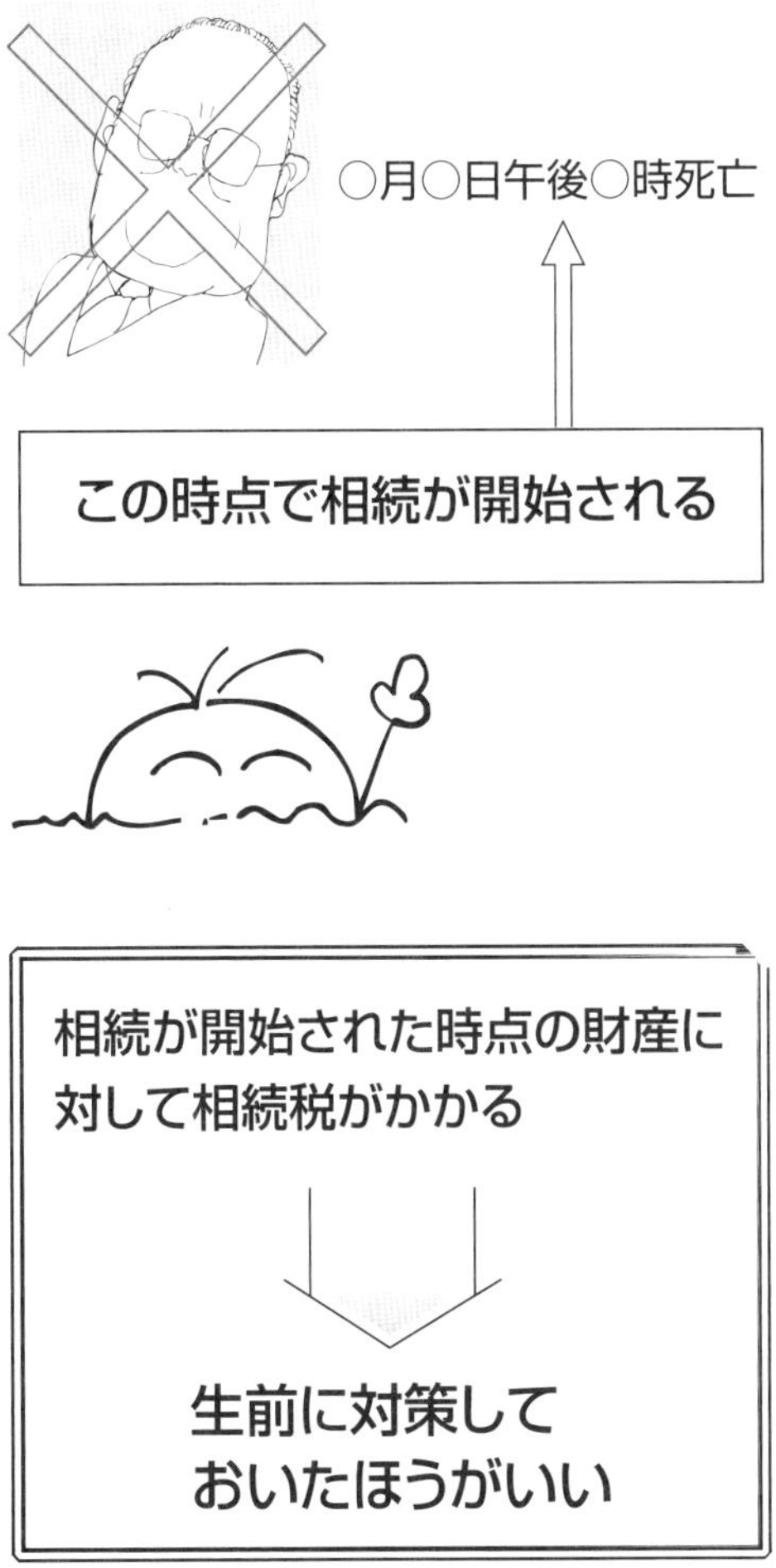
○月○日午後○時死亡
この時点で相続が開始される
相続が開始された時点の財産に対して相続税がかかる
生前に対策しておいたほうがいい

①相続

遺言書がなく、生前に自分の財産を誰にあげるのかを決めていないケース。この場合は、相続人（↓68ページ）しか相続権がありません。

②遺贈

生前に遺言書（↓第5章）で、自分の財産を誰にあげるのかを決めているケース。死亡を起因として財産を手にするという点では、遺贈も相続も同じですから、遺贈にも相続税がかかります。

この場合は、相続人以外に第三者でも財産を引き継げます。つまり遺言書に、相続人以外の人に財産を譲る——とあれば、それに従わなければならないのです。

なお、法人が引き継ぐ場合は、相続税ではなく法人税がかかってきます。

③死因贈与

生前に契約書で自分の財産を誰にあげるのかを決めているケース。「私が死んだらAさんにお金をあげます」というように、死を原因とする贈与契約です。**「契約」ですから、この場合は、相続人でも第三者でも財産を引き継げます**。

なお、ここでも法人が引き継ぐ場合は、相続税ではなく法人税がかかってきます。

相続税がかかるケース

相続　生前に財産を誰にあげるのかを決めていない

遺贈　遺言書(→第5章)で財産を誰にあげるのかを決めている

死因贈与　死を原因とする贈与

- 一般的には「相続」が多い
- 「遺贈」は10%程度
- 「死因贈与」は少ない

3 どれくらいの財産だと相続税がかかるのか？

相続財産から基礎控除額を引いた分に相続税がかかります

それでは、いくら以上財産があると相続税がかかってくるのでしょうか。

詳しい計算方法は第4章で説明しますが、**だいたいの目安を言えば、3600万円以上の財産があれば相続税がかかってくる**可能性があります。

まず土地や預金などの遺産を計算し、ここから、

3000万円＋（600万円×法定相続人の数）

が差し引かれます。これが**「基礎控除額」**です。「法定相続人の数」については71ページで説明しますが、要は民法上、相続人になれる人（遺族）のことです。

たとえば左の図のような場合、法定相続人は3人、基礎控除額は4800万円になり、相続する財産の総額が4800万円以下なら相続税を払う必要はありません。相続人が4人の場合なら、基礎控除額は5400万円（3000万円＋600万円×4人）です。

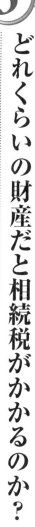

基礎控除額の計算

基礎控除額

＝3000万円＋(600万円×法定相続人の数)

P.71参照

例

法定相続人が3人(配偶者、子供2人)の場合

3000万円＋(600万円×3人)＝4800万円
つまり、相続財産が4800万円までは相続税はかからない

平成27年以後に開始する相続の場合、基礎控除額が以前の6割に下がった!

基礎控除額を超えた分にだけ相続税はかかってくる

4 相続税がかかるのは、どんな財産か？

金銭に換算できるものすべてに相続税はかかります

お金で売買できるものには、すべて相続税がかかる

相続税は、基本的には「お金で売買できるもの（財産）」にかかります。この**相続税がかかる財産のことを「相続財産」**と言います。「相続財産」の代表的なものは、現金、預貯金、有価証券（株、投資信託など）、不動産、ゴルフ会員権などです。

ですから、「お金で売買できないもの」には、相続税はかかりません。たとえば、父親が遺した事業のアイデア、計画などはお金に換算できないので相続財産にならないのです。

「借金」も相続財産になる

また、借金（債務）も相続財産になります。なぜなら、相続とは、被相続人の財産上の一切の権利義務を引き継ぐことだからです。

つまり、現金や不動産などは「プラスの相続財産」、借金などの債務は「マイナスの相続財産」になります。最終的には、「プラスの財産」から「マイナスの財産」を引いた額に対して相続税がかかるのです。

たとえば、財産が3億円あっても借金が2億円あれば、相続税の対象は1億円になります。

相続税のかかる財産

プラスの財産

- 現金　・投資信託
- 預貯金　・公社債
- 不動産　・借地権
- 株式　・ゴルフ会員権　など

マイナスの財産

- 借金　・保証債務　など

（・民法上は承継義務を負う
・税法上は財産額から
マイナスできない）

マイナスの財産（借金）も
相続税の計算に入るのです！

相続税のかかる相続財産額
＝プラスの財産－マイナスの財産

5 相続税がかからない財産とは？

墓地、仏壇などは非課税、弔慰金も一定額までなら非課税です

◇葬式費用は財産から差し引ける

墓地、仏壇、仏具などには相続税はかかりません。これらの財産は、金銭的な価値を超越したものであることから相続税はかからないことになっています。

また、相続財産ではありませんが、**葬式費用についても、一部のもの（香典返戻費用など）を除き相続財産から控除できます。**

ですから、葬式に関わる領収書などは、きちんと保管しておく必要があります。

◇業務上の死亡などで支払われる弔慰金も一定額まで非課税になる

また、業務上の死亡などで会社から支払われる弔慰金などは、次の額までは非課税となります。

① 業務上の死亡＝賞与を除いた給与3年分

② 業務上の死亡でない場合＝賞与を除いた給与半年分

相続税のかからない財産とは?

相続税のかからない財産

墓地、 仏壇、 仏具など

とはいえ相続手続きのことも考えねば……

葬式費用は?

相続財産から控除できるので実質非課税です。ただし、香典返戻品代は除きます

弔慰金は?

一定額までは非課税

6 生前に持っていない財産にも相続税はかかる！

生命保険金、死亡退職金などにも相続税がかかってきます

◇生命保険金にも相続税がかかってくる（みなし相続財産）

生命保険金や死亡退職金のように、被相続人が死亡した後に相続人が私的な約定により受け取る財産のことを「みなし相続財産」と言います。**「みなし相続財産」は被相続人が生前に所有していた財産ではありませんが、「相続財産とみなす」ことになっています。**

つまり、**「みなし相続財産」にも相続税がかかる**のです。土地や建物、預金などの資産が少なくても、たとえば多額の生命保険金がかかっていて、それを相続人が受け取れば相続税を納めなければなりません。

では、「みなし相続財産」にはどのようなものがあるのでしょうか。

「みなし相続財産」には生命保険契約に関する権利、定期金（年金など）に関する権利――

など数多くあります。そのうち、実際に課税される例が多いのは生命保険金と死亡退職金の2つです。

ただし、生命保険金や死亡退職金には、非課税限度額（↓50ページ）があるので、全額が相続財産になるわけではありません。

その非課税限度額を超えた分が、相続財産に加算されます。

みなし相続財産とは?

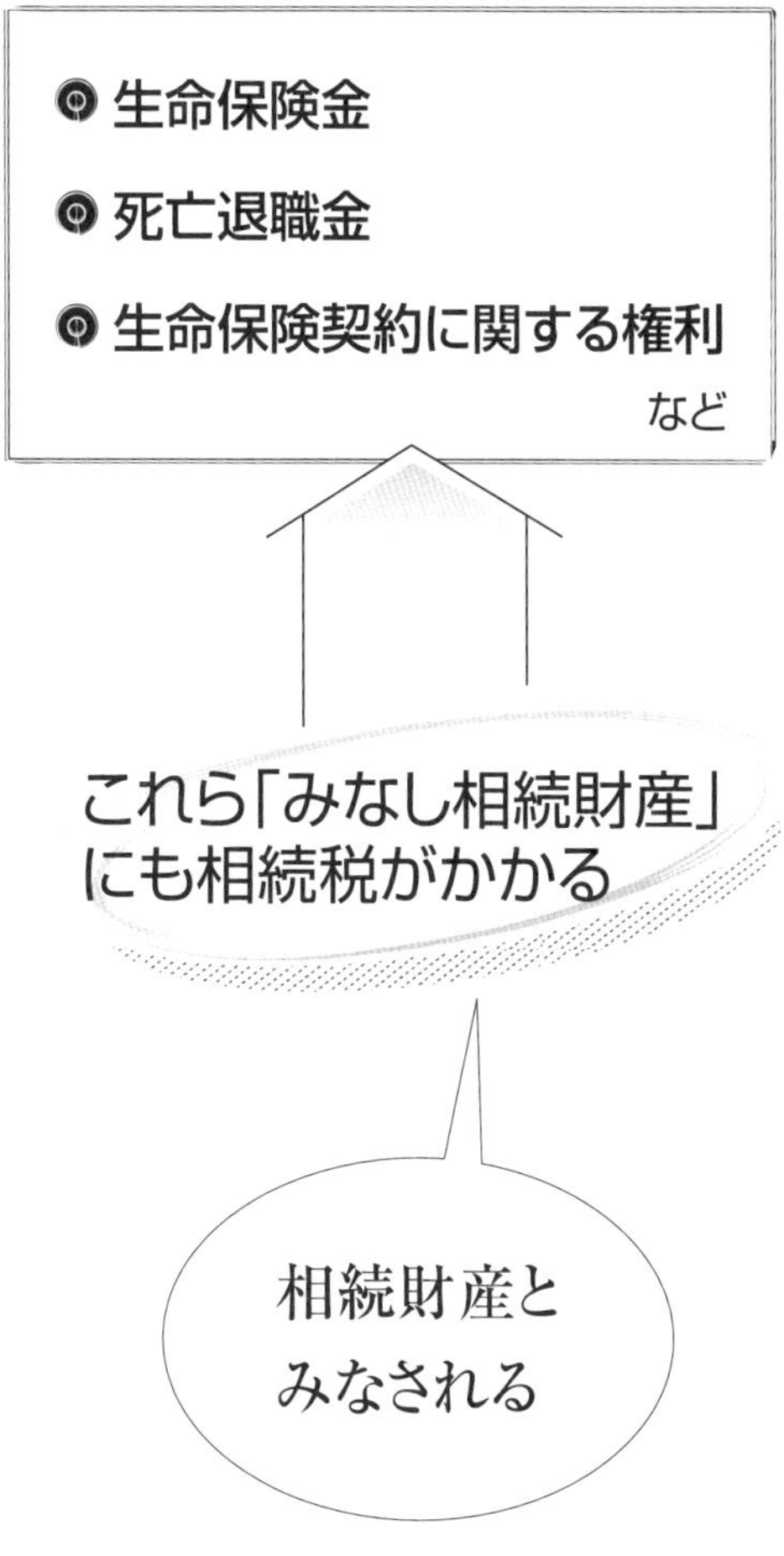
生命保険金
死亡退職金
生命保険契約に関する権利
など
これら「みなし相続財産」にも相続税がかかる
相続財産とみなされる

◇生命保険金、死亡退職金は一定額までなら税金はかからない

生命保険金の「非課税限度額」については、左の図のようになっています。

たとえば、被相続人の死亡により支払われる生命保険金が3000万円で、法定相続人の数（↓70ページ）が3人（配偶者、子2人）の場合、非課税限度額は3人合計で1500万円（500万円×3人）となります。

この場合、相続人がどのような割合で保険金を相続しても、1500万円までは非課税ということです。

ですから、**生命保険金の加入は有効な節税対策にもなり、なおかつ納税資金対策**にもなります。ただし、相続人以外の人が取得した死亡保険金には非課税の適用はありません。

また、被相続人が在職中に死亡して支払われる**死亡退職金などの手当にも、生命保険金と同額の非課税限度額があります**。

すなわち、死亡退職金も合計で500万円×法定相続人の数が非課税となりますので、法人を経営している人などはこちらも節税対策、納税資金として考えることが可能です。

生命保険金の非課税限度額の計算

生命保険金の非課税限度額

＝（500万円×法定相続人の数）× $\frac{\text{その相続人の受け取った保険金の額}}{\text{相続人全員の受け取った保険金の額}}$

☞ P.70参照

例

生命保険金3000万円、法定相続人3人の場合

↓

非課税限度額＝500万円×3人＝1500万円

相続財産になる額＝3000万円－1500万円
＝1500万円

3人合計で1500万円が相続財産になる

生命保険金・死亡退職金は非課税限度額を超えた部分が相続財産に加算される

7 生前に贈与した財産にも相続税がかかる！

相続開始前3年以内に贈与した財産は相続財産とみなされます

贈与に際して注意していただきたいことですが、実は、**相続開始前3年以内に贈与された財産についても相続税がかかります**。被相続人が死亡した日からさかのぼって3年以内に贈与された財産は、相続財産と「みなす」ことになっているからです。

たとえば、被相続人が死亡した日の2年前に100万円の現金を贈与していた場合、その100万円も相続財産になります。

ただし、この**制度は相続または遺贈により財産を取得した者にのみ適用される**ので、相続人になっていない孫などがいくら多額の贈与を受けていても、贈与税を払っていれば相続財産に加算する必要はありません。贈与を受けたときに払った贈与税額は、相続税額から引くこともできます。

また、配偶者に対する自宅の生前贈与も一定の要件を満たせば対象外です（↓224ページ）。

相続開始前3年以内の贈与財産にも相続税がかかる

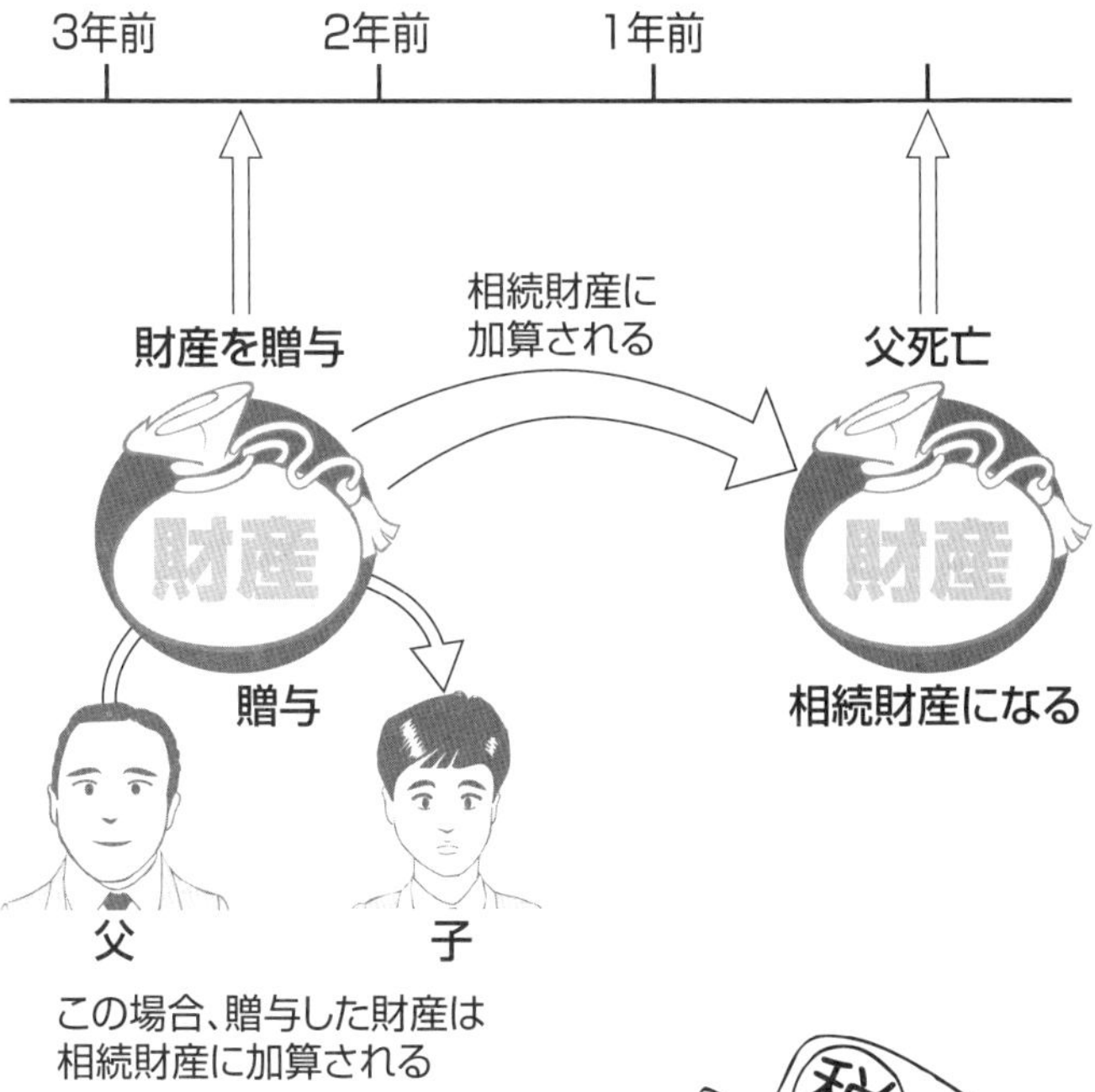

**相続開始前3年以内に贈与された
財産にも相続税がかかる**

8 要するに贈与（税）って、なんだろう

生前に財産をあげたときにかかる税金で、相続税と密接に関係しています

無償で財産を与えたら「贈与」になる

贈与とは、ある個人が自分の財産を無償で、他の個人に与えることを言います。

そして、**贈与税は贈与により財産を取得した者（受贈者）が取得した財産評価額に応じて払う税金**です。たとえば、親が子に不動産を無償で与えた場合、子は贈与された不動産の財産評価額に応じた税率の贈与税を払うことになります。

相続税が死後に財産の所有権が移転するときにかかるのに対し、贈与税は生前に財産の所有権が移転するときにかかってきます。財産の贈与が生前に行なわれると、その分相続財産は減少しますから、贈与税を課すことにより相続税を補完しているわけです。

贈与税の非課税制度が追加された

贈与税は相続税に比べて税率が高く、生前の親から子への財産移転を妨げる原因にもなっ

ていました。

しかし、住宅資金や教育資金の贈与税の非課税制度（↓226、228ページ）に加え、相続時精算課税制度（↓60ページ）の受贈対象者に孫が追加されるなど要件も緩和され、**高齢者から若い世代への贈与が促進されていくものと思われます。**

贈与とは?

無償で
あげます
財産
ありがとう
ございます
株券
贈与税

贈与とは、ある個人が財産を無償で他の個人に与えることです

9 どれくらいの贈与を受けると贈与税がかかるの？

1年間で110万円超の贈与を受ける（受贈する）と贈与税がかかります

◇年間110万円までは贈与税はかからない！

贈与税には、1年間に110万円の基礎控除額があります。**1月1日から12月31日までの1年間に、110万円以内の贈与を受けたのであれば贈与税が0円**になります。

つまり、1年間の受贈額が基礎控除額110万円を超えた分に贈与税がかかるということなのです。

たとえば、親から子に1000万円の現金を贈与した場合、1000万円から110万円（基礎控除額）を引いた890万円に贈与税がかかります。贈与税は累進課税方式なので、贈与する財産が多いほど税率も高くなります。また、相続税よりも税率は高くなっています。

◇生前に少しずつ贈与していけば税金はかからないが……

基礎控除額は、贈与を受ける者1人に対して年間110万円なので、1000万円のお金を１００万円ずつ10人に贈与しても、贈与された者は誰一人として贈与税を払う必要がありません（ただし、１年間でこの贈与しか受けていない場合）。

また、トータル１０００万円の贈与も10年間にわたって行なえば贈与税を払わなくて済みますが、この方法には注意が必要です（↓222ページ）。これについては第７章で説明しますが、贈与は贈与方法を工夫することで節税にも使えます。

贈与税のしくみ

基礎控除額

1年間(1月1日～12月31日)に
110万円

◎ 1000万円の贈与があった場合

1000万円
－
110万円(基礎控除額)
＝
890万円

この額に対して
贈与税がかかる

基礎控除額は贈与により財産をもらった人1人について年間
110万円

10 贈与税のかかる財産、かからない財産は？

相続税と同じく、お金で売買できる財産に贈与税はかかります

贈与税のかかる財産は、相続税と同じようにお金で売買できる財産（↓44ページ）です。また、相続税に「みなし相続財産」（↓48ページ）があるように、贈与税にも「みなし贈与財産」があります。

つまり**基本的に、相続税のかかる財産と贈与税のかかる財産は同じ**です。

ただし贈与税の場合は、実質的に贈与があった場合にも課税されるので注意してください。

たとえば、親子間の不動産売買契約であっても、子が親に購入代金を払わなかった場合は贈与とみなされます。また、**親が子に時価より低い額で不動産を売った場合も、時価と実際の売却額との差が贈与とみなされ、贈与税がかかってきます**。

一方、贈与税のかからない財産には、左ページのようなものがあります。

贈与税は、基本的に相続税を補完する税金なので、個人間の贈与のみに課税されます。法人から贈与を受けた場合は、所得税が課税されることになります。

贈与税のかからない財産

- 法人から贈与を受けた財産
- 生活費や教育費に充てるための扶養義務者からの贈与
- 一定要件に当てはまる公益事業者が取得した公益用財産
- 一定要件に当てはまる特定公益信託から交付される金品
- 心身障害者共済制度に基づく給付金の受給権
- 公職選挙の候補者が選挙に際し得た金品その他の利益
- 特定障害者扶養信託契約に基づく信託受給権
- 冠婚葬祭や季節の贈答などで社会通念上、相当なもの
- 直系尊属から贈与を受けた住宅取得資金のうち
一定の要件を満たして贈与税の対象にならなかったもの
- 直系尊属から一括贈与を受けた教育、結婚、子育て資金のうち
一定の要件を満たして贈与税の対象にならなかったもの
- 相続や遺贈により財産を得た人が
相続があった年に被相続人から贈与を受けた財産

11 「相続時精算課税制度」ってどういうもの？

相続税と贈与税を一体化して、生前の贈与をしやすくする制度です

「相続時精算課税制度」の基本的な考え方は、相続財産と贈与財産を合算して税額計算するというもの。**この制度を選択すると、生前に前倒しで財産を贈与した場合の贈与税が軽減され、その代わり相続時に贈与財産と相続財産を足した額に相続税がかけられます**。贈与財産の評価額は贈与時のものとなるので、節税に利用できる場合もあります（↓P220）。

適用対象は、60歳以上の親・祖父母から20歳以上の子供または孫への贈与です。従来どおりの贈与税の支払いもできるので、選択するかどうかは受贈者（贈与される人）が決定します。選択する人は贈与税の申告のときに、その旨を届け出ます。

この制度を選択すると、**受贈財産２５００万円までは贈与税が課税されず、特別控除額を超えた金額に対して一律20％の贈与税が課税されます**。２５００万円は受贈者が生涯にわたって贈与を受けられる財産総額で、贈与の機会が複数回でもかまいません。

さらに、住宅資金であれば特別控除額をさらに広げる特例もあります（↓226ページ）。

「相続時精算課税制度」ってなに?

「相続時精算課税制度」

- 2500万円までの贈与は贈与税0円
- 2500万円超の部分の贈与税率は20%
  (相続の際に相続税額から控除される)
- ただし、相続時に贈与財産を相続財産に加算する

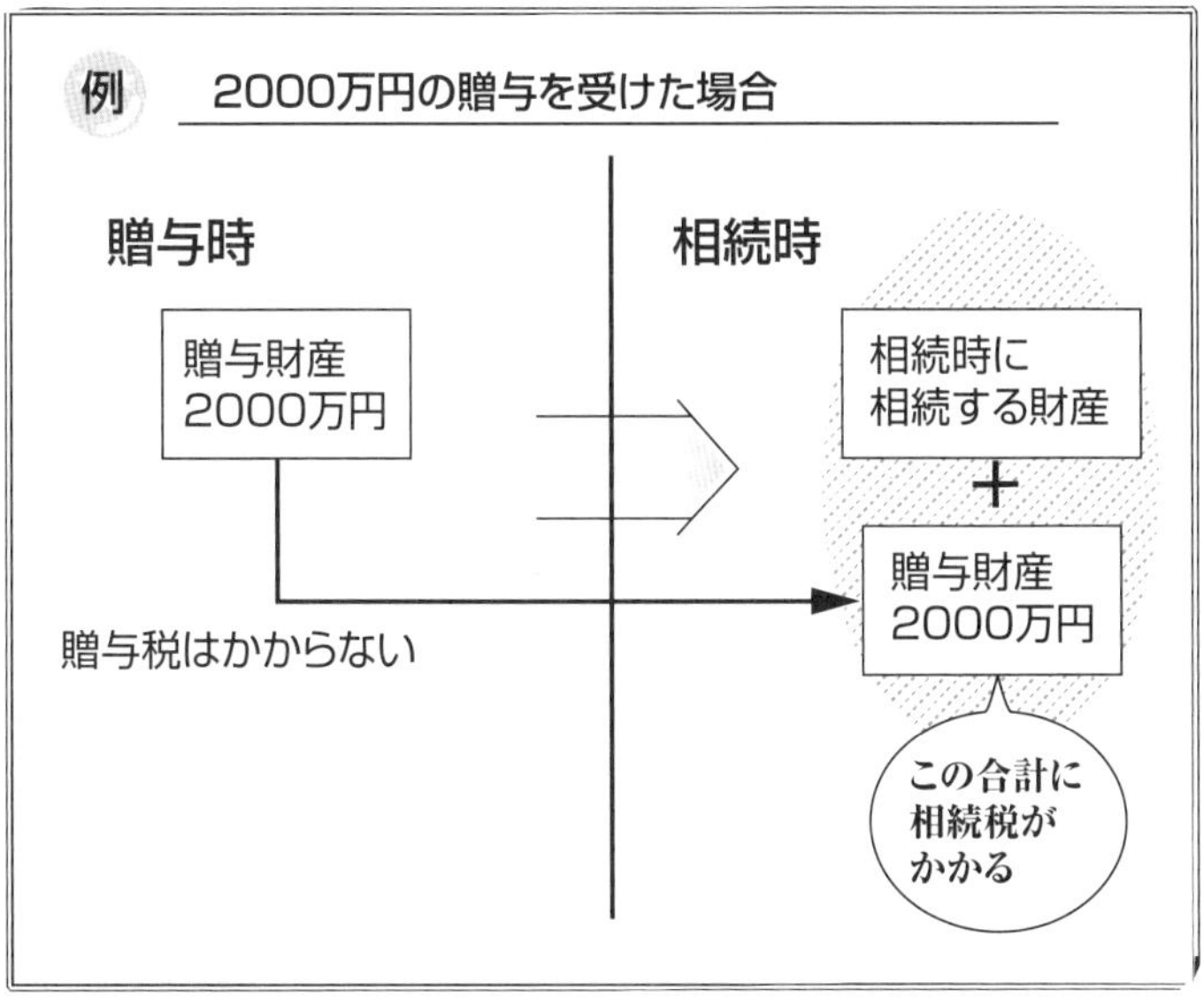

「相続時精算課税制度」を選択すると、
贈与時の贈与税が軽減(もしくは免除)される

12 相続税・贈与税の税率は何％か？

相続税は最高55％、若い世代への贈与には贈与税率軽減もあります

相続税は最高税率55％に引き上げられている

相続税・贈与税の税率構造は、平成27年以後の相続より大幅に変わっています。相続税については従来、法定相続人の取得金額が3億円超の部分につき、最高税率が50％となっていました。

しかし、**平成27年以後の相続・遺贈より、2億円超の部分に課税強化が行なわれ、なおかつ最高税率も55％に引上げ**となっています（左図参照）。

これは、相続税制について従来、課税の緩和措置がとられ、格差是正・富の再分配という面では機能が低下していたと考えられたためです。

直系尊属から20歳以上への贈与には特別税率がある

また、贈与税については、逆に高齢者から若い世代への資産の移転を促進し、消費拡大・

相続税・贈与税の速算表(令和元年現在)

相続税の速算表

法定相続人の取得金額	税率	控除額
1,000万円以下	10%	−
3,000万円以下	15%	50万円
5,000万円以下	20%	200万円
1億円以下	30%	700万円
2億円以下	40%	1700万円
3億円以下	45%	2700万円
6億円以下	50%	4200万円
6億円超	55%	7200万円

暦年贈与に係る贈与税の速算表Ⅰ(20歳以上の者が直系尊属から贈与を受けた財産に係るもの)

基礎控除後の課税価格	税率	控除額
200万円以下	10%	−
400万円以下	15%	10万円
600万円以下	20%	30万円
1000万円以下	30%	90万円
1500万円以下	40%	190万円
3000万円以下	45%	265万円
4500万円以下	50%	415万円
4500万円超	55%	640万円

暦年贈与に係る贈与税の速算表Ⅱ(上記以外の贈与財産に係るもの)

基礎控除後の課税価格	税率	控除額
200万円以下	10%	−
300万円以下	15%	10万円
400万円以下	20%	25万円
600万円以下	30%	65万円
1000万円以下	40%	125万円
1500万円以下	45%	175万円
3000万円以下	50%	250万円
3000万円超	55%	400万円

相続時精算課税制度に係る贈与税の速算表

特別控除後の課税価格	税率	控除額
一律	20%	−

※特別控除=贈与者ごとに2500万円

経済活性化を図る観点から、課税の軽減が行なわれています。

一般の税率については従来、課税価格1000万円超につき最高税率50％だったのが、前ページの図表のように55％に引上げとなっています。

これは、相続税の税率引上げに合わせたものです。

しかし同時に、**直系尊属から20歳以上の成年への贈与には中央の表のような特例税率が新設され、大幅な課税の軽減となっているのです。**

さらに、前項で述べた「相続時精算課税制度」についても、適用対象者の贈与者の年齢要件が65歳から60歳に引き下げられ、なおかつ受贈者に成年である孫を加える（従来は成年である推定相続人のみ）などの改正が盛り込まれたため、この制度もより利用しやすくなっています。

第2章

相続税のしくみとルールを知ろう！

むずかしそうな相続税のしくみを、
ていねいにやさしく説明します

1 相続税はいったい誰が払うのか？

「相続人」か「遺言書に書かれている人」が相続税を払うことになります

相続税は、財産を引き継ぐ人が払う

40ページで述べたように、相続税がかかってくるのは①相続、②遺贈、③死因贈与——の3つのケースです。

それでは、相続税は誰が払うのでしょうか。

相続税を払うのは、これら3つのケースにより「財産を取得（相続）した人」です。つまり、被相続人から財産をもらった人は、すべて相続税がかかる可能性があるのです。

遺言書の有無で財産を相続する人が決まる

相続では、遺言書の有無によって誰が財産を相続するかが決まります。

つまり、遺言書があるときは遺言書に書かれている人、遺言書がないときは被相続人の家族にあたる相続人が財産を相続することになります。

遺言書については第5章で、相続人については次項で詳しく説明します。

財産を相続する人は?

遺言書がある場合

→ **遺言書に書いてある人が財産を相続する(→第5章)**

遺言書に「A氏に全財産を相続させる」とあった場合、A氏が財産を相続する

※家族には最低限の財産は保障される P.82参照

遺言書がない場合

→ **相続人が話し合って財産を相続する**

次頁参照

相続税は財産を相続した人が払う

2 どんな人が相続人になれるの？

家族や身内が相続人になるが、範囲と優先順位が決まっています

相続人になれるのは、①被相続人の配偶者、②被相続人の子（直系卑属）、③被相続人の父母（直系尊属）、④被相続人の兄弟姉妹――です。**つまり、相続人は家族や身内になります。**

しかし、家族や身内といってもキリがないので、**民法では相続人になれる範囲を兄弟姉妹までと限定しています。**

また、相続人には第1順位から第3順位まで順位が決められており、上位の順位者がいるときは下位の順位者は相続人になれません。優先順位は、第1順位＝子供（直系卑属《ひぞく》）、第2順位＝父母（直系尊属《そんぞく》）、第3順位＝兄弟姉妹（傍系血族）です。たとえば子供（第1順位）がいる場合、父母（第2順位）や兄弟姉妹（第3順位）は相続人になれません。

ただし、配偶者は特別の立場ですのでいつでも相続人になります。**配偶者は、他の法定相続人がいてもいなくても、常に相続人になるのです。**

相続人の範囲と優先順位

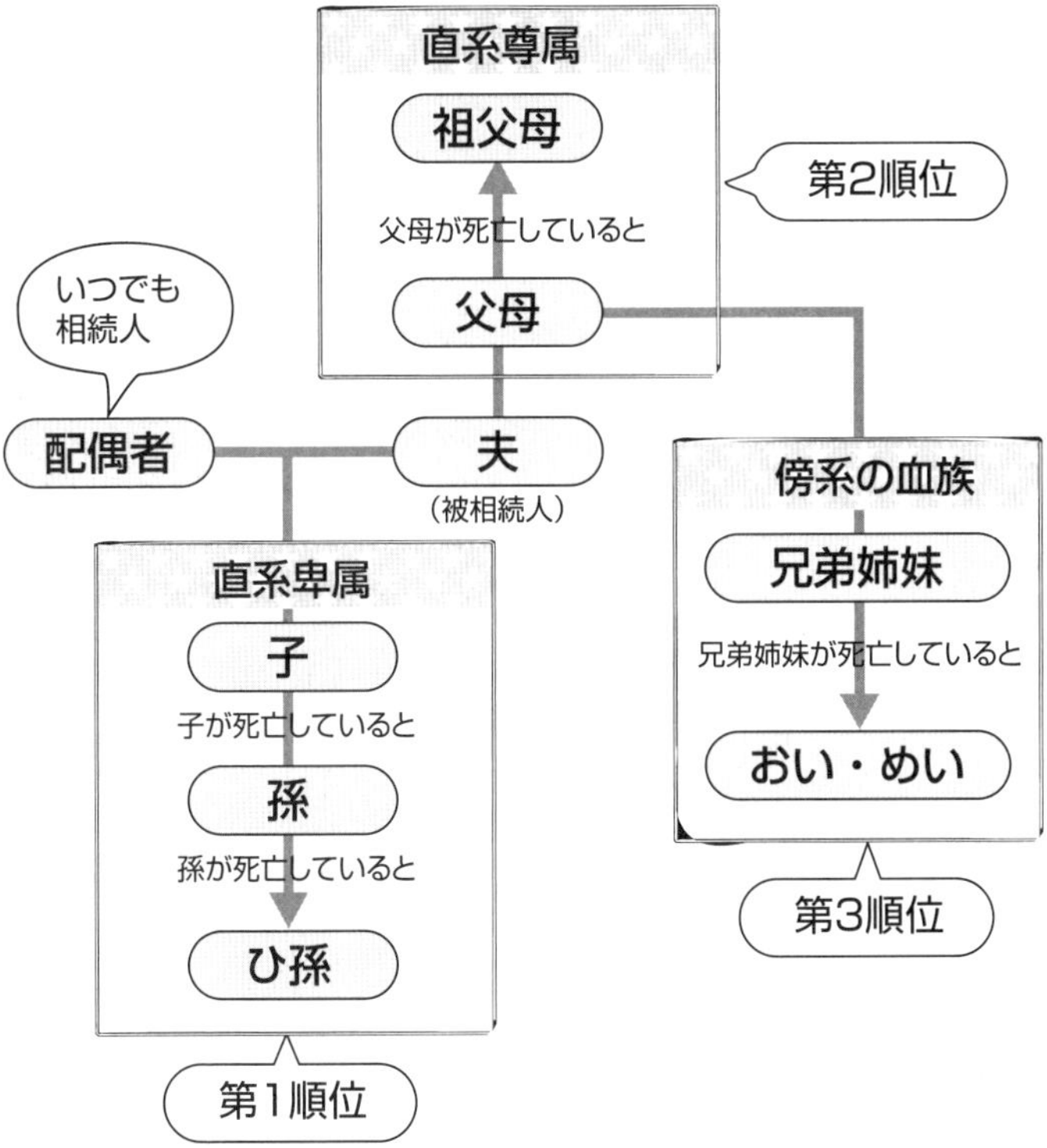

配偶者はいつも相続人
配偶者以外は優先順位の高い相続人のみが相続人になる（違う順位の相続人が同時に相続人になることはない）

3 愛人との子、内縁の妻や夫、養子などは相続人になれるか？

配偶者以外は血縁関係になければ相続人になれません

配偶者以外では、血のつながりがない者は相続人になれない

相続人になれるのは、配偶者以外では、基本的には血のつながりのある家族に限られます。ですから、内縁の妻や夫、再婚後の配偶者の連れ子など、**血のつながりがない者は相続人になれません**。言い換えれば、前妻の子とは血のつながりがありますから、今の妻の子と同じ「子供」として相続人になれるのです。

また遺産分割協議書（↓196ページ）にも、前妻の子の署名、押印が必要です。

ただし、**血がつながっていても、愛人の子は認知されていなければ相続権がありません**。DNA鑑定で実子ではないとわかったケースがときどきニュースなどになりますが、これは「親かどうか」という裁判です。相続税が絡むと、さらにデリケートな問題になります。

養子は相続人になります

養子は、養子縁組の日から実子と同じ身分になるので相続人になれます。つまり、**養子**

縁組をすれば再婚後の配偶者の連れ子なども相続人になれるということです。

ただし、税務上「法定相続人の数」に含める養子の数は制限があり、実子がいる場合は1人まで、実子がいない場合は2人までになります。制限がないと養子を何人もとって基礎控除額（↓42ページ）を上げたりするなど、相続税を安くできてしまうからです。

複雑な家族関係の人はどうなるの？

養子　○

ただし、税務上「法定相続人の数」に含める養子の数には制限があります

- 実子がいる場合……1人まで
- 実子がいない場合……2人まで

次のような養子は、実子として扱われるので、すべて法定相続人の数に含まれます

- 特別養子縁組による養子
- 配偶者の実子で被相続人の養子となった人
- 結婚前に特別養子縁組により配偶者の養子となり、結婚後に被相続人の養子となった人
- 養子が死亡しているか、相続権を失ったため代わって相続人となった養子の直系卑属

内縁の妻や夫　×

離婚した前妻との子　○

愛人（内縁）関係によって生まれた子で認知した子　○

配偶者の連れ子　×

今の配偶者の連れ子　×

胎児　○

義理の父母、義理の兄弟姉妹　×

配偶者と養子以外は血縁関係にいないと相続人にはなれません

4 相続人はどれくらいの財産をもらえるのか？

各相続人の取り分として「法定相続分」が民法で決まっています

遺産分割の目安になるのが「法定相続分」

さて前項までで誰が財産を相続するのかが、おわかりだと思います。それでは、各相続人はいくらくらいの財産をもらうことができるのでしょうか。

たとえば、相続人が1人だけなら、すべての相続財産をその相続人が相続することになり、相続争いといった問題は起こりません。

しかし、**相続人が複数いる場合、誰がどれくらいの財産をもらえるかといった目安を決めておかないと、各相続人がより多くの財産を得ようとして相続争いが起きてしまいます。**

そこで民法では、「法定相続分《ほうていそうぞくぶん》」というものを決めていて、各相続人の取り分を決めています。この法定相続分は、相続税の計算（↓第4章）のときにも使います。

しかし、法定相続分どおりに遺産を分ける必要はありません。**遺産分割は、基本的には相**

法定相続分①

相続人が配偶者と子

→ 配偶者 $\frac{1}{2}$ 子供 $\frac{1}{2}$

相続人が配偶者と父母

→ 配偶者 $\frac{2}{3}$ 父母 $\frac{1}{3}$

相続人が配偶者と兄弟姉妹

→ 配偶者 $\frac{3}{4}$ 兄弟姉妹 $\frac{1}{4}$

例1 配偶者と子供2人が相続人の場合

例2 配偶者と父母が相続人の場合

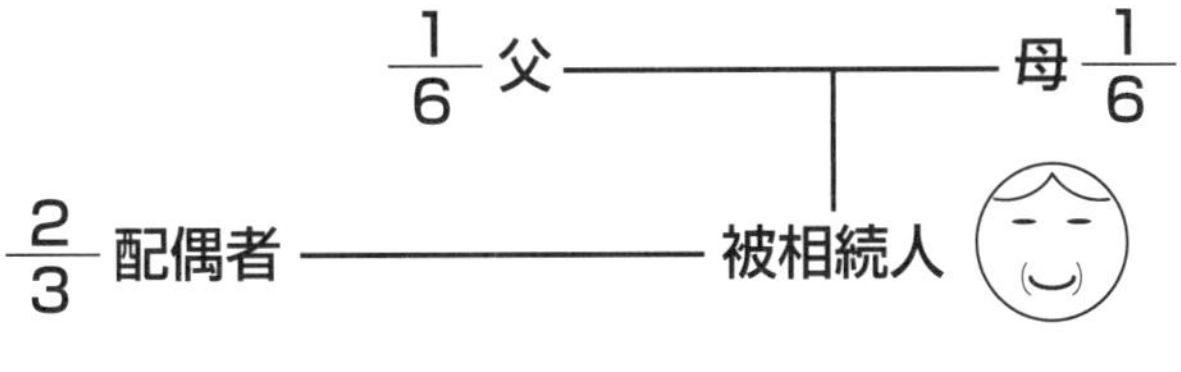

続人同士の話し合いで決めていいことになっているので、話し合いで合意すれば法定相続分は関係なくなります（↓92ページ）。あくまでも法定相続分は、相続税額を求めるときと、相続人同士の話し合いで合意しない場合の法律上の目安なのです。

◇法定相続分では、配偶者は最低でも2分の1はもらえる

法定相続分は基本的には、まず配偶者の取り分があり、その残りを同順位の相続人のなかで分けることになります。各相続人の取り分は次のとおりです。

①　相続人が配偶者と子（直系卑属）……配偶者2分の1、直系卑属2分の1
②　相続人が配偶者と父母（直系尊属）……配偶者3分の2、直系尊属3分の1
③　相続人が配偶者と兄弟姉妹（傍系血族）……配偶者4分の3、傍系血族4分の1

法定相続分を計算するときは、まず配偶者の取り分を計算してから、残りを同順位の相続人で等分することになります。

たとえば、相続人が配偶者と子供2人だった場合、まず、配偶者の取り分は右の①のケースにあたるので2分の1です。次に、残りの2分の1を2人の子供で分けることになるので、子供1人あたりの取り分は4分の1（2分の1×2分の1）になります。

例3 配偶者と兄弟2人が法定相続人の場合

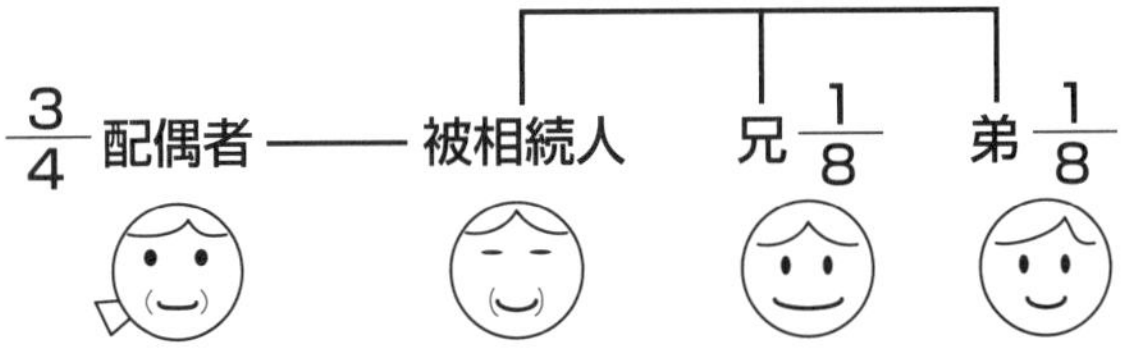

例4 被相続人に後妻との間に2人、先妻との間に2人の子供がいた場合

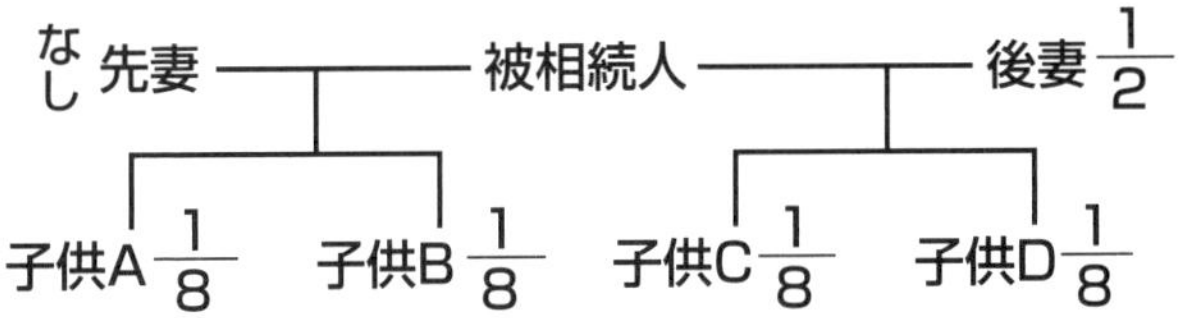

例5 被相続人が養子で、相続人が配偶者、養父母、実父母の場合

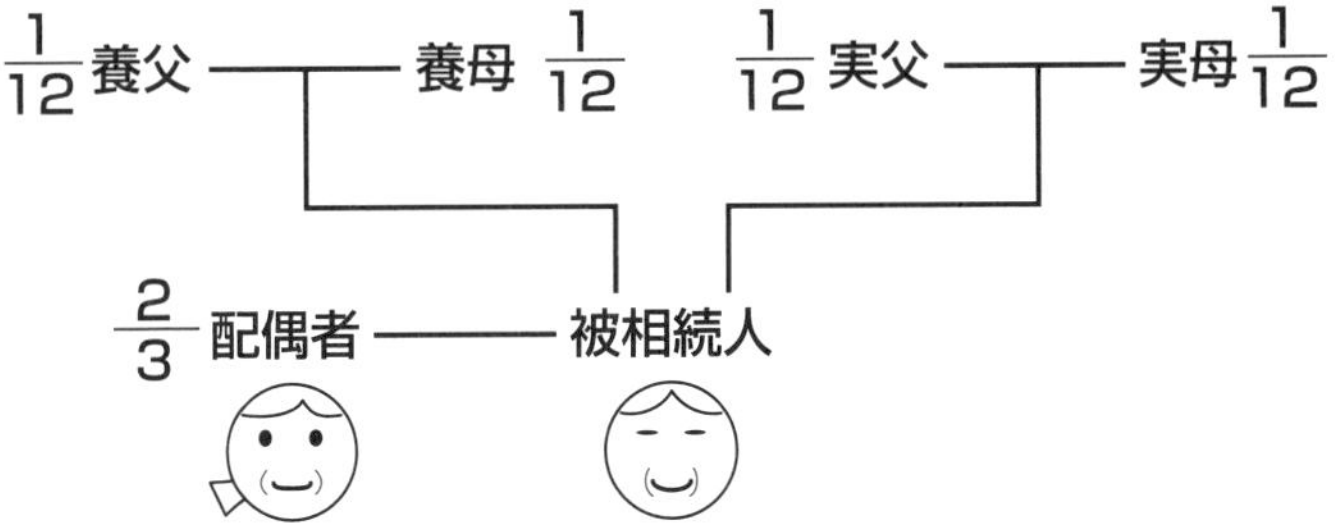

5 「寄与分」、「特別受益分」って、なんだろう

相続分にプラスされるのが「寄与分」、マイナスされるのが「特別受益分」

財産の維持・増加に貢献したら「寄与分」がもらえる

相続人のなかで、被相続人の事業を手伝うなどして、被相続人の財産の維持または増加に貢献した相続人は「寄与分」がもらえます。

つまり、法定相続分にプラスして「寄与分」をもらうことができるのです。

法定相続分どおりに単純に取り分を計算してしまうと、被相続人の財産に貢献した相続人と他の相続人の取り分が同じになってしまい、不公平感が残ってしまいます。そこで、**民法では貢献した分を「寄与分」として認めることにしている**のです。

被相続人の営んでいた事業にほとんど無給で従事していたり、被相続人の営んでいた事業に資金を提供したり、長期間にわたり被相続人の療養看護をしたため付添人の雇い費用を免れたり、などのケースで寄与が認められます。

寄与分がある場合の法定相続分の計算

相続財産　……2億円
相続人　……妻、子供A、子供B
寄与分　……子供Aに4000万円

ステップ 1

相続財産から寄与分をマイナスした分を法定相続分どおりに分ける

2億円−4000万円(寄与分)＝1億6000万円

配偶者……1億6000万円× $\frac{1}{2}$ ＝8000万円

子供A……1億6000万円× $\frac{1}{2}$ × $\frac{1}{2}$ ＝4000万円

子供B……1億6000万円× $\frac{1}{2}$ × $\frac{1}{2}$ ＝4000万円

ステップ 2

寄与分を子供Aにプラスする

子供Aの相続分……4000万円+4000万円(寄与分)
＝8000万円

子供Bの相続分……4000万円

配偶者の相続分……8000万円

寄与分がある場合の相続分の求め方は、まず相続財産から寄与分を引き、残りを法定相続分どおりに分けます。そして最後に寄与分を、受ける人の財産に加算します（前ページ図参照）。ただし、寄与分の算定方法については法律上決まっていないので、相続人の間で寄与分について合意しなかった場合は裁判所で決めることになります。

◇相続人以外が特別の寄与をした場合は金銭の請求ができる

寄与分を受け取ることができるのは相続人（→68ページ）だけです。つまり、**内縁の妻や長男の妻などは、どんなに被相続人に貢献していても寄与分を受け取れません。**ですから従来は、貢献してもらった人に財産を残したいのであれば、遺言書（→第5章）に書いて財産を相続させるなどの方法をとるのが確実でした。

これでは不公平なので、**令和元年の改正で相続人でない親族（子の配偶者など）も、被相続人の財産の維持・増加に特別の寄与をした場合には、金銭が請求できることになりました。**請求できるのは遺産の相続ではなく、相続人に対する金銭の請求です。

◇生前の資金援助などは「特別受益分」になる

「特別受益分」とは「寄与分」とは反対で、生前に被相続人から住宅資金や事業資金といっ

特別受益分がある場合の法定相続分の計算

相続財産　……2億円
相続人　　……妻、子供A、子供B
特別受益分……子供Aに4000万円

ステップ 1

特別受益分をプラスした相続財産を法定相続分どおりに分ける

2億円+4000万円（特別受益分）＝2億4000万円

配偶者……2億4000万円 $\times \frac{1}{2}$ ＝1億2000万円

子供A……2億4000万円 $\times \frac{1}{2} \times \frac{1}{2}$ ＝6000万円

子供B……2億4000万円 $\times \frac{1}{2} \times \frac{1}{2}$ ＝6000万円

ステップ 2

特別受益分を子供Aからマイナスする

子供Aの相続分……6000万円
　　　　　　　　－4000万円（特別受益分）
　　　　　　　　＝2000万円

子供Bの相続分……6000万円

配偶者の相続分……1億2000万円

※税法では3年以内の贈与財産が相続財産に加算されるが（P.52参照）、民法では年数の制限がないため生涯の特別受益分が加算される

た援助を受けていた場合の援助分です。特別受益分がある場合は、まず遺産総額に特別受益分を足し、合計額を遺産分割の対象になる相続財産にします（前ページ図参照）。この制度も、「寄与分」と同様に相続人間の不公平感をなくすために認められています。

◇──長年連れ添った妻への自宅の贈与は特別受益の対象外

従来は、配偶者に対する自宅の生前贈与も特別受益分とみなされ、遺産分割時にはその分が減らされる計算が行なわれていました。

その結果、住居には困らないものの、生活費に充てる預貯金などの相続分が少なくなり、遺された配偶者の生活が不安定になるといった事態も起きていました。

そこで**令和元年の改正では、結婚期間が20年以上の夫婦間で、配偶者に対して自宅の贈与または遺贈が行なわれた場合には、遺産分割の計算上は原則として、特別受益分として扱う必要がない**こととされました。

贈与された自宅は、遺産分割の計算のうえで相続財産とみなされないわけです。

これにより、配偶者は住み慣れた自宅とともに、改正前より多くの相続財産を得ることになり、被相続人亡き後も安定した生活を送ることができるようになります。

配偶者に対する自宅の贈与がある場合の計算

相続財産　……1億2000万円
相続人　……妻、子供A、子供B
贈与した自宅……評価額8000万円
(結婚期間　……45年)

改正前

贈与した自宅を特別受益分として計算に含める

1億2000万円+8000万円(自宅評価額)=2億円

配偶者……2億円× $\frac{1}{2}$ =8000万円(自宅)+2000万円

子供A……2億円× $\frac{1}{2}$ × $\frac{1}{2}$ =5000万円

子供B……2億円× $\frac{1}{2}$ × $\frac{1}{2}$ =5000万円

改正後

贈与した自宅を特別受益分として計算に含めない

相続財産1億2000万円

配偶者……1億2000万円× $\frac{1}{2}$ =6000万円(+自宅)

子供A……1億2000万円× $\frac{1}{2}$ × $\frac{1}{2}$ =3000万円

子供B……1億2000万円× $\frac{1}{2}$ × $\frac{1}{2}$ =3000万円

6 身内・家族以外の人に全財産が渡る場合はあるか？

どんな内容の遺言書があっても、家族には最低限の財産は保障されます

◇身内や家族以外に全財産が渡る可能性は？

66ページで述べたように、遺言書の内容は最優先されます。ですから**遺言書に「家族以外の人に全財産を相続させる」といった内容があれば、基本的にはそのようになります。**

なぜなら、「自分の財産をどのように処分しようと、それは所有者の勝手であり、それは生前であっても死後であっても変わらない」というのが現在の法律だからです。

しかし、これでは「全財産を愛人に相続させる」という遺言書を残された家族は一銭ももらえなくなってしまいます。**家族が気の毒なので、民法では一定の相続人が最低限相続できる財産を「遺留分」として保障しています。**つまり、被相続人がどのような考えであっても、どんな遺言を残しても、一定の相続人であれば遺留分の財産は保障されるのです（ただし話し合いによっては、取り分が遺留分より少なくなる場合もあります）。

遺留分が保障されている相続人は、配偶者、子供、父母です。法定相続人の第3順位であ

遺留分が保障されている相続人

遺留分とは?
遺族に最低限、保障されている財産

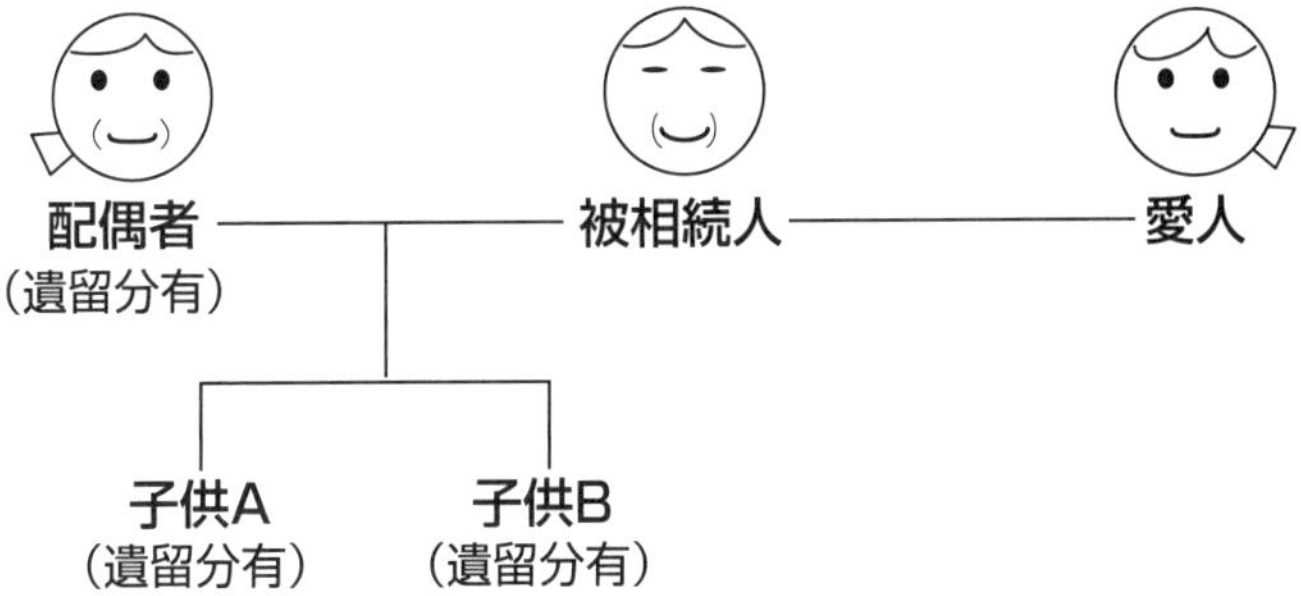

遺言書に「全財産を愛人に相続させる」とあった場合でも、配偶者と子供2人は遺留分がもらえる

遺留分が保障されている相続人とその割合

- **配偶者**  $\frac{1}{2} \times \frac{1}{2} = \frac{1}{4}$
- **子供2人**  $\frac{1}{4} \times \frac{1}{2} = \frac{1}{8}$
- **父母**　※父母のみの場合は $\frac{1}{3}$ (次ページ参照)

注)兄弟姉妹には遺留分は認められていない

る兄弟姉妹には遺留分はありません。

「遺留分」を相続するには、遺言書により財産を相続した者に「遺留分減殺請求《いりゅうぶんげんさいせいきゅう》」をしなくてはなりません。たとえば、**遺言書により愛人が全財産を相続した場合は、遺留分が保障されている相続人が愛人に対して内容証明郵便を送る**ことになります。これで財産が戻ってこない場合は、遺産分割の調停・審判か、民事訴訟などの手続きをとります。

なお、「遺留分減殺請求」ができるのは、相続開始および贈与または遺贈があったことを知った日から1年以内です。

◇遺留分として請求できる財産は法定相続分の半分か3分の1

遺留分として請求できる財産総額は、配偶者や子供が法定相続人にいる場合は相続財産の2分の1、法定相続人が父母など（直系尊属）のみの場合は、相続財産の3分の1です。

たとえば、被相続人に配偶者と子供2人がいるときに、被相続人が「全財産（1億円）を愛人に相続させる」といった遺言を残した場合、遺留分総額は5000万円（1億円×2分の1）となります。

各人の遺留分については、全員が権利を主張したとすると、配偶者2500万円（5000万円×2分の1）、子供1250万円（5000万円×2分の1×2分の1）ずつです。

遺留分の計算

① 相続人が父母のみの場合

→ 相続財産の $\frac{1}{3}$

② ①以外の場合（配偶者と子供など）

→ 相続財産の $\frac{1}{2}$

例

相続財産　……1億円

法定相続人……配偶者、子供A、子供B

遺言書　　……「全財産を愛人に相続させる」

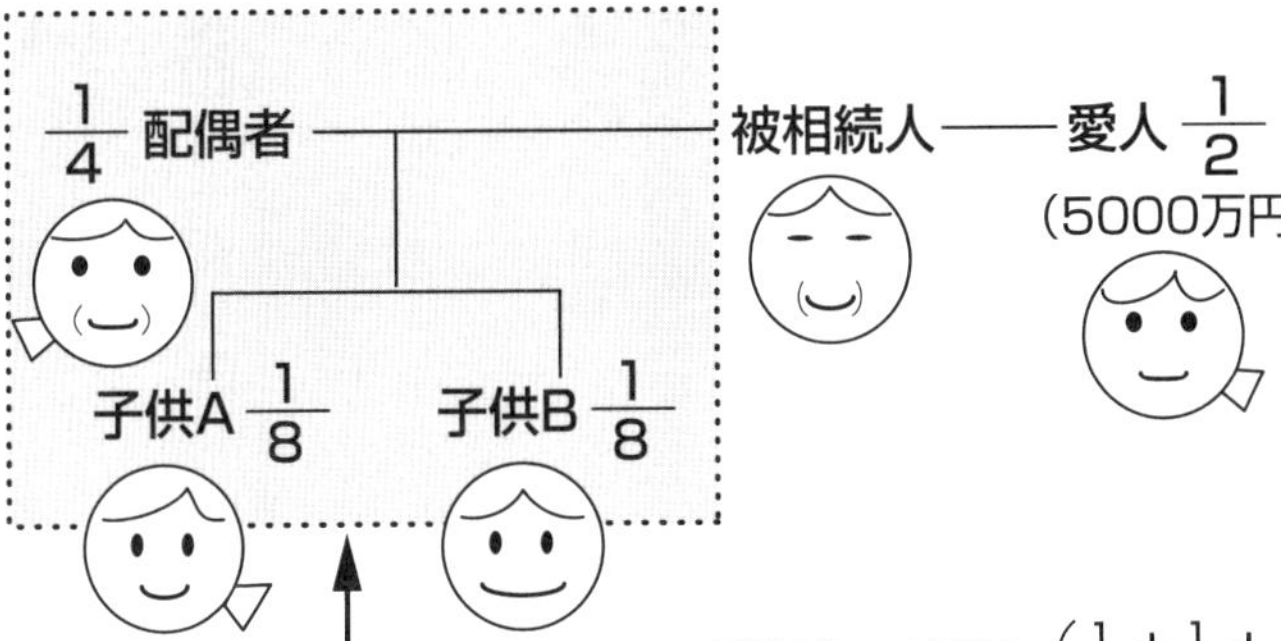

遺留分=1億円×$\left(\frac{1}{4}+\frac{1}{8}+\frac{1}{8}\right)$

=5000万円を取り戻す権利がある

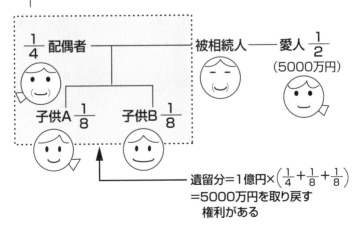

7 こんな人は相続人になれない！

相続の「欠格」、「廃除」にあたると相続人の地位でも相続人になれません

相続人の地位にありながら相続人になれない人もいます。民法では、①被相続人や他の相続人を殺害したり、②遺言を取り消させようと脅迫したりした場合、相続人の資格を失わせることになっています。このことを**「相続欠格」**と言います。

これは、被相続人に対して著しい非行をした人が、その被相続人の財産を相続するというのでは、あまりにも筋違いだからです。

また、「相続欠格」には至らないまでも被相続人に対する非行があった者に対して、被相続人の意思で相続権を奪うこともできます。このことを**「相続人の廃除」**と言います。

被相続人は家庭裁判所に申請するか、または遺言により「相続人の廃除」ができます。

「相続人の廃除」対象は遺留分（↓82ページ）を有する相続人なので、兄弟姉妹以外の相続人になります。遺留分を有する相続人に財産を相続させたくない場合は、相続人が放棄（↓90ページ）しない限り「廃除」するしか方法がありません。

「相続欠格」「相続人の廃除」になるケース

相続欠格の事由

①被相続人や自分より先順位の相続人、同順位で相続人になるはずの人を故意に殺害したり、殺害しようとしたために刑に処せられた

②被相続人が殺害されたことを知りながら、そのことを告訴・告発しなかった

③詐欺・脅迫により被相続人に遺言書を書かせたり、遺言書を取消・変更させた

④詐欺・脅迫により被相続人が遺言書を取消・変更することを妨害した

⑤被相続人の遺言を偽造・変造したり、破棄、隠匿した

相続人の廃除となる場合

①被相続人を虐待した

②被相続人に重大な侮辱を加えた

③その他著しい非行があった

「相続欠格」は自動的に相続権を失う
「相続人の廃除」は被相続人の意思により相続権を失わせる

8 相続人が死亡していたときは誰が相続するか？

死亡などで相続人がいない場合、相続人の子供が相続権を引き継ぎます

相続人が死亡などの理由により相続権を失った場合、その相続人の子など（直系卑属）が相続権を引き継ぎます。このことを「代襲相続《だいしゅう》」と言います。代襲相続の原因は、①以前死亡（同時死亡を含みます）、②相続欠格、③相続人の廃除――の3ケースです。

たとえば、被相続人死亡時に相続人となるべきであった一人息子はすでに死亡しているが、その一人息子の子供（すなわち被相続人の孫）はいるといった場合に、その息子の子供に相続権が移るのです。また、その息子の子供も相続権を失っていた場合は、その息子の孫（すなわち被相続人のひ孫）に相続権が移ります。このことを「再代襲」と言います。

代襲相続が認められているのは、相続とはもともと親から子へ、そして子から孫へというように上から下へ財産が流れていくのが自然であると考えられているからです。

ですから、第1順位の子供が死亡するなどの理由で相続権を失った場合、第2順位の父母が健在でも、子供の子供（すなわち被相続人の孫）が相続権を引き継ぐことになります。

代襲相続とは?

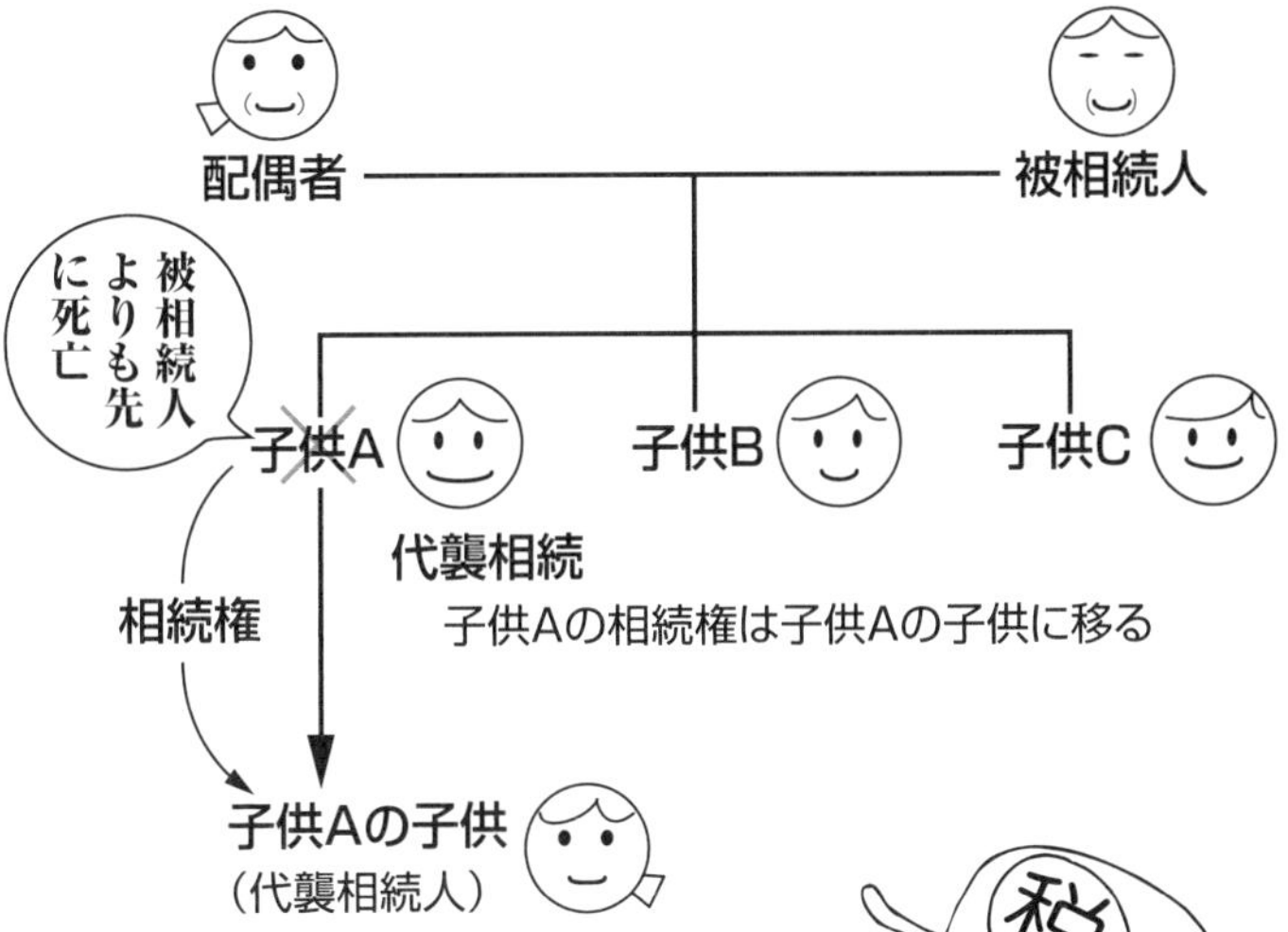

代襲相続が起こるケース

子供が親の死亡以前に死亡している場合

相続欠格 P.86参照

相続人の廃除 P.86参照

9 相続したくない場合は、どうするのか？

借金が多いときは「相続放棄」、多そうなときは「限定承認」をしよう

「相続放棄」とは、借金も財産も一切相続しないという方法です。**とくに欲しい財産もなく、ほとんど借金のみという場合は相続放棄をするべき**でしょう。

相続放棄をすれば、何も財産をもらえませんが、借金も返す必要がなくなります。

一方、**「限定承認」とは、被相続人の財産の範囲内で借金を払う方法**です。たとえば、1億円の相続財産を相続した後に、借金が1億5000万円あるとわかったとき、限定承認さえしていれば相続財産である1億円分だけ返済し、残りの5000万円は返済する必要がなくなります。わかっていない借金が存在する可能性がある場合などに有効です。

「限定承認」か「相続放棄」のいずれかを選択する場合は、相続の開始があったことを知った日から3カ月以内に、被相続人の住所地の家庭裁判所に申告しなければなりません。

ただし、**限定承認は相続人の全員が共同で申請する必要がある**ので注意しましょう。

財産も借金もある場合

相続放棄

借金も財産も何もかも相続しない

↓

財産より借金のほうが多い場合は「相続放棄」をしましょう

限定承認

相続財産の範囲内で借金を返済するという条件つきの相続

↓

借金がいくらあるかわからないという
場合は「限定承認」をしましょう

> **「相続放棄」は1人でも可能だが、
> 「限定承認」は相続人全員で申請
> しなければならない**

※申請期限は相続開始があったことを知った日から3カ月以内

10 遺産分割は、どうするのか？

基本的には相続人同士の話し合い（遺産分割協議）で決めます

◇遺言書がない場合の遺産分割は「話し合い」で決める

遺言書（↓第5章）がない場合、各相続人の財産の取り分は基本的には相続人同士の話し合いで決めます。法定相続分（↓72ページ）は、あくまでも遺産分割の目安なので、必ずしもそのとおりに分割する必要はありません。

「誰がどの財産をもらうのか」を決める話し合いのことを「遺産分割協議」と言います。遺産分割協議で合意できない場合は、家庭裁判所で遺産分割することになります。

◇「遺産分割協議書」をつくる！

相続税の申告期限（相続開始を知った日の翌日から10カ月）までに遺産分割協議が終わっていないと、税制上の優遇措置が受けられなくなります。したがって早めに済ませるようにしましょう。

相続人同士でどのように遺産を分割するかを話し合って、相続人全員が納得したら、次に「遺産分割協議書」（↓196ページ）を作成します。遺産分割協議書は、不動産の相続登記や名義変更などの際にも必要となってきますし、後日の争いを防ぐ効果もあります。

ですから、合意内容を明確にするためにも作成するようにしましょう。

遺言書がない場合の遺産分割

① まず話し合い（遺産分割協議）

↓ 話し合いがまとまったら

② 遺産分割協議書の作成

P.196参照

書類作成

遺産分割協議に期限はない。
しかし

相続税の申告期限までに分割協議を終えないと相続人全員が損します

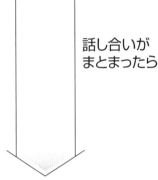

11 遺産分割には、どんな方法があるのか？

遺産分割方法には3種類あります

最も一般的な遺産分割の方法は現物分割です。現物分割は、自宅は長男、預金は次男というように、各相続人がそれぞれ個別の財産を相続する方法です。

この方法で遺産分割協議がまとまれば理想的な相続と言えます。しかし、被相続人の遺産が自宅のみの場合などは、現物分割をしようとすると1人の相続人しか財産をもらえません。これでは、他の相続人との間に不公平感が残ってしまいます。

そこで、遺産分割では①現物分割のほかに、次の②③といった方法をとることになります。

① **現物分割**……一つひとつの財産を誰が取得するのか決める方法
② **換価分割**……相続財産をすべて換金し、相続人に金銭で分配する方法
③ **代償分割**……特定の相続人に相続分を超える財産を与え、その相続人が他の相続人に現金を支払う方法（本家を相続した長男が次男に、俗に言うハンコ代を払うような場合）

遺産分割の方法

現物分割……財産別に具体的に相続人を決める

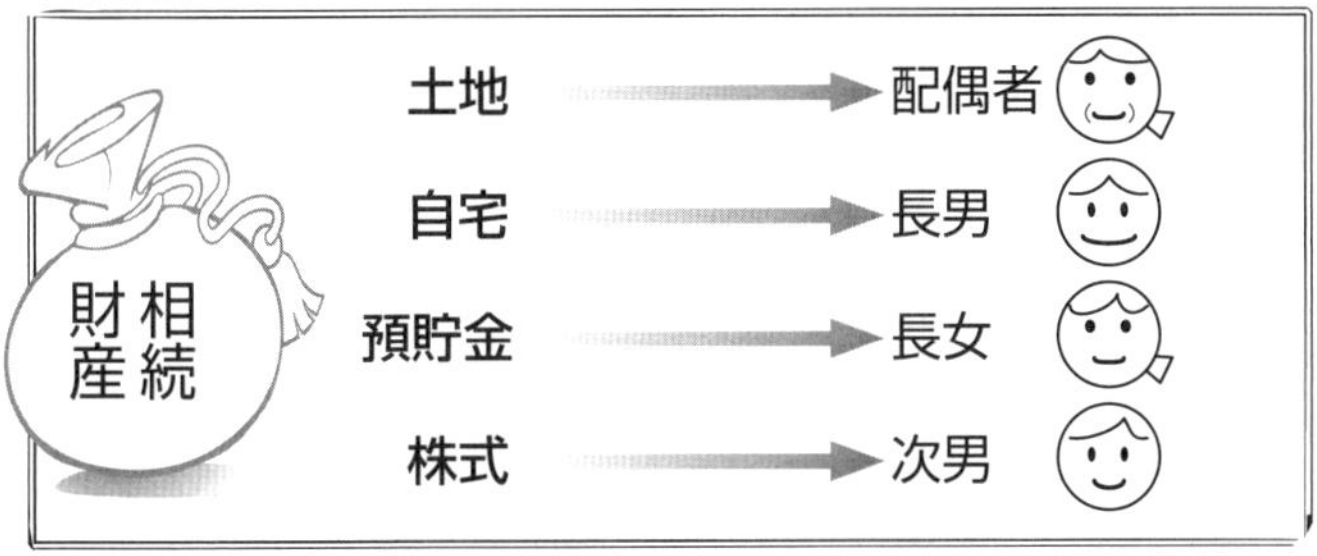

換価分割……相続財産を換金してから分配する

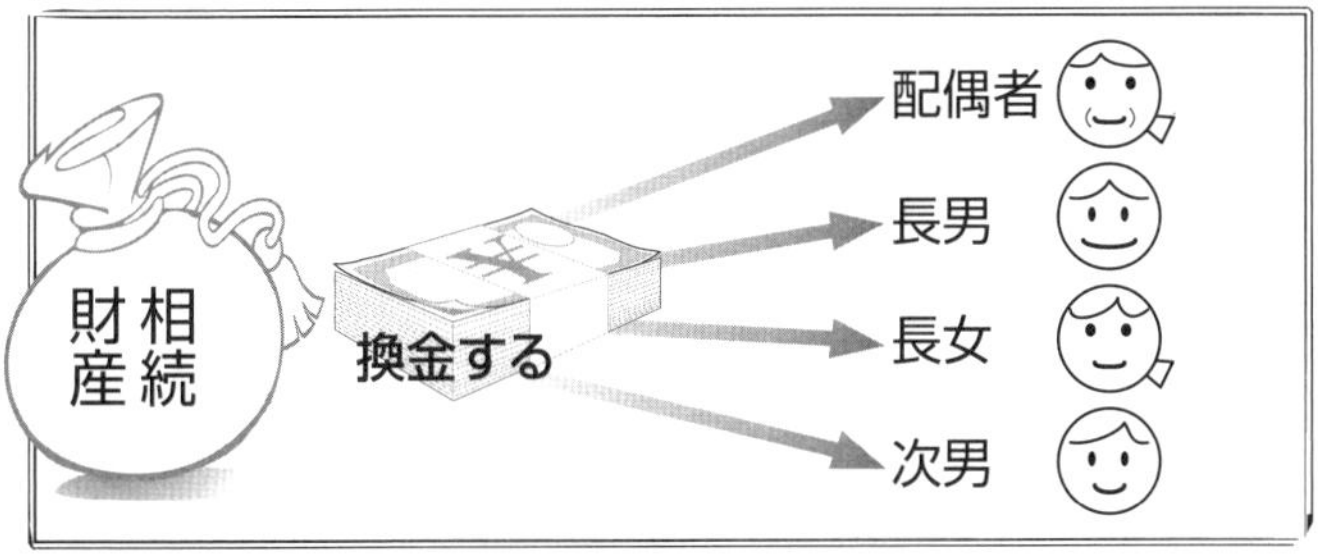

代償分割……特定の相続人が財産を相続する代わりに、他の相続人に金銭などを与える

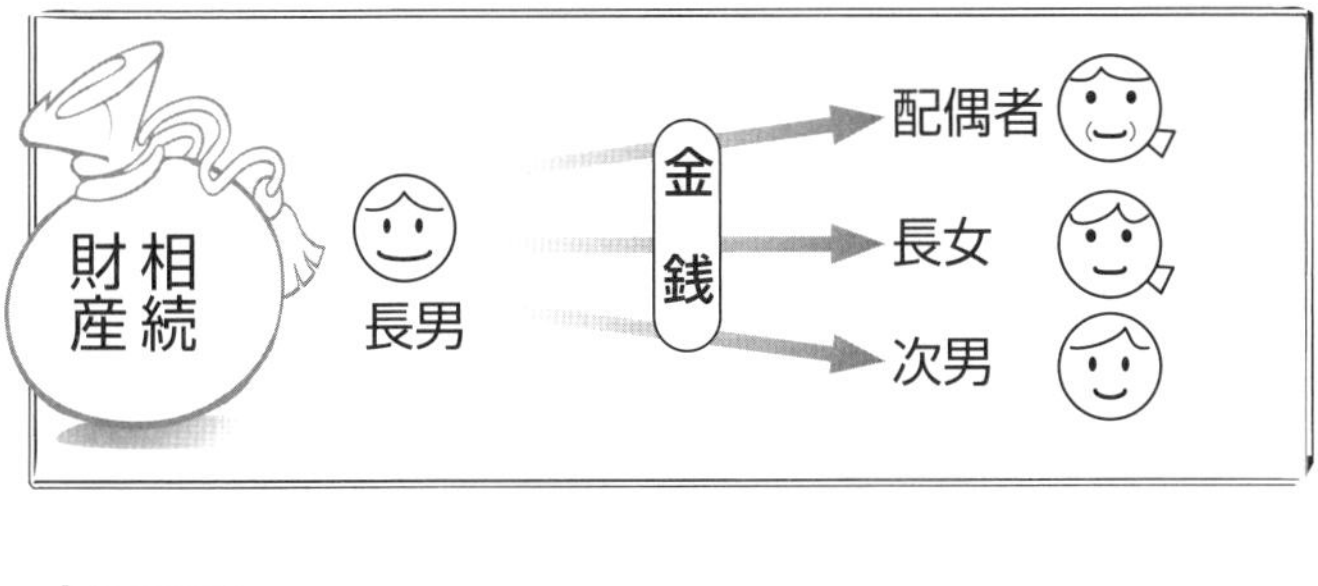

12 「配偶者居住権」はどんな場合に有効か？

遺された配偶者が自宅に住み続けながら、生活の安定も図れます

配偶者が、現物分割で自宅を取得した場合、自宅の評価額が高額だと預貯金など他の財産が少なくなり、生活費などが不足する心配があります。

そこで、**令和2年4月1日以後の相続では、「配偶者居住権」というものが創設される**ことになりました。これは、自宅についての権利を「負担付きの所有権」と「配偶者居住権」に分け、配偶者以外の相続人と配偶者がそれぞれ取得するというものです。

配偶者居住権は自宅に住み続けられる権利ですが、売ったり貸したりできないため、評価額が低く抑えられます。その分、預貯金などをより多く取得できるようになり、生活費の心配などが軽減されるわけです。

なお同時に、**居住していた配偶者が原則として遺産が分割されるまで、自宅に住み続けられる権利――「配偶者短期居住権」も認められ**ました（↓巻末用語解説）。

妻が「配偶者居住権」を取得した場合の計算

相続財産　……2億円（自宅を含む）
相続人　……妻、子供A、子供B
自宅　……評価額8000万円

改正前

妻が自宅の所有権すべてを取得する

配偶者……2億円×$\frac{1}{2}$=8000万円（自宅）+2000万円
子供A……2億円×$\frac{1}{2}$×$\frac{1}{2}$=5000万円
子供B……2億円×$\frac{1}{2}$×$\frac{1}{2}$=5000万円

改正後

自宅を「負担付きの所有権」と「配偶者居住権」に分け
子供Aが負担付き所有権、妻が配偶者居住権を取得する

自宅8000万円
　=負担付き所有権4000万円+配偶者居住権4000万円
配偶者……2億円×$\frac{1}{2}$
　=配偶者居住権4000万円+6000万円
子供A……2億円×$\frac{1}{2}$×$\frac{1}{2}$
　=負担付き所有権4000万円+1000万円
子供B……2億円×$\frac{1}{2}$×$\frac{1}{2}$=5000万円

13 相続税は、どうやって納めるのか？

期限内に金銭で一括納付が原則だが、「延納」「物納」もＯＫ！

現金で納められないときは、「延納」「物納」を考えよう

相続税は、期限内に金銭で一括納付するのが原則になります。申告書の提出期限は被相続人が死亡した日から10カ月以内です。

このとき、**相続税が高すぎて現金で一括納付できない人も出てきます。**

このような場合、相続税では一定の条件を満たせば「延納」（↓204ページ）や「物納」（↓206ページ）を認めています。

後で詳しく説明しますが、「延納」は相続税を分割して払う方法、「物納」は延納でも相続税を払うことができない場合に、金銭ではなく不動産などの相続財産で納付する方法です。

申告ミスをするとペナルティが課せられる

相続税では、期限内に納付しなかった場合や、申告漏れなどがあった場合には加算税が課

相続税の納付方法

相続開始から10カ月以内

⇩

申告期限内に金銭による一括納付が原則

「延納」　「物納」　も認められる

P.204参照　P.206参照

相続税にかかるペナルティ

種類	どんな場合に課税されるか	割合
延滞税	期限内に申告したが、納付が期限後だった	原則7.3% ※1（2カ月超は14.6%）
過少申告加算税	税務調査後に修正申告した場合 ※（　）は修正額が多いとき	10% （15%）
無申告加算税	期限後に自主的に申告した場合	※2　5%
	税務調査後に申告した場合	※3　15%
重加算税	申告したが、財産を隠したり、事実を偽装した場合	35%
	申告せずに、財産を隠したり、事実を偽装していた場合	40%

※1　「特別基準割合+1%」が低い場合はこの割合（令和元年中は2.6%）

※2　申告書が法定申告期限から2週間以内に提出され、全額法定納期限までに納付されている場合等は課さない

※3　納付すべき税額が50万円を超える部分に対する割合は20%

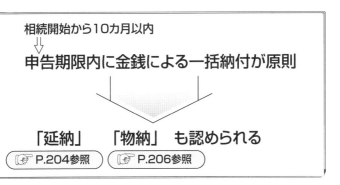

せられることになっています。

加算税としては、前ページのように延滞税、過少申告加算税、重加算税などがあり、最高で40%もの加算税を払うことになります。くれぐれも申告ミスには注意しましょう。

第3章

相続財産・贈与財産は、いくらで評価されるのか？

いろいろな財産が、どう評価されるかを詳しくわかりやすく説明します

1 土地、建物、株式……いくらで評価されるか？

それぞれの財産の種類に応じた評価方法があります

相続税の計算で一番むずかしいのは財産評価です。つまり、土地、建物、株式などの財産をいくらで評価するのか、ということです。

現金や預貯金はそのままの額が財産評価額なので簡単ですが、そのほかの財産は簡単ではありません。土地建物の価額は、売る人や買う人の意思で安くも高くもなるからです。

では、現金以外の土地や家屋といった財産の評価はどうするのでしょうか。**相続税ではそれぞれの財産の種類に応じて評価方法が決まっています。**土地には土地の評価方法、建物には建物の評価方法、株式、ゴルフ会員権……というように、財産に応じて評価方法が決まっているのです。

相続税の節税対策の1つは、この財産評価額を下げることにあります。**財産の評価方法を工夫することで評価額を下げるのです。**とくに、後で説明する土地の評価は工夫次第で大きく評価額が変わってきます。

相続財産の評価方法は?

相続財産になるもの

① 土地……宅地、田、畑、山林
② 土地の上に存する権利……借地権、定期借地権、地上権、永小作権
③ 家屋……家屋、建築中の家屋、付属設備
④ 構築物
⑤ 果樹等及び立竹木
⑥ 動産……家屋用動産、事業用動産、たな卸商品等、書画、骨とう品
⑦ 無体財産権……特許権、実用新案権、商標権、著作権、電話加入権
⑧ 株式及び出資……上場株式、気配相場等のある株式、取引相場のない株式
⑨ 公社債……国債、地方債、社債、貸付信託受益証券、証券投資信託受益証券
⑩ その他の財産……現預金、貸付金、売掛金、受取手形、ゴルフ会員権

など

相続税では財産の種類に応じた独自の評価方法を用います

2

土地の評価は、どうするのか？

宅地の評価方法は、「路線価方式」と「倍率方式」の2つがあります

現預金より、土地や自社株を多く持っている人のほうが多くの相続税を納めています。とくに、相続財産で最も大きな割合を占めるのは、住居や事務所の敷地になる「宅地」です。

宅地の評価額によって相続税額が決まると言っても過言ではないのです。

宅地は使用目的に応じて評価額が大きく変わるので、意図的に使用目的を変えることで相続税を安くすることも可能ですし、評価額が80％割引になる特例（↓116ページ）などもあるので評価方法次第で相続税額に大きな差がでてきます。

宅地の評価方法は「路線価方式」（↓106ページ）と「倍率方式」の2とおりあります。税務署に置いてある路線価図を見て、相続する宅地と接している道路に「路線価」が付されていれば路線価方式、付されていなければ倍率方式で評価します。一般的には、市街地は路線価方式、それ以外は倍率方式なので、ほとんどの場合は路線価方式と考えていいでしょう。

なお、路線価図は国税庁のホームページ（http://www.nta.go.jp/）でも見られます。

宅地の評価方法

路線価が付いていれば

→ 路線価方式で評価する

路線価が付いていなければ

→ 倍率方式で評価する

路線価方式の計算

相続税評価額＝路線価×各種補正率×宅地の面積

倍率方式の計算

相続税評価額＝固定資産税評価額×評価倍率

（固定資産税評価額）↑ 市町村役場にある固定資産課税台帳を見る

（評価倍率）↑ 評価倍率表を見る

3 路線価方式の計算って、どうするの？

基本は「路線価×各種補正率×宅地の面積」

路線価方式は「路線価×宅地の面積」で計算します。ただし、これは正方形、かつ、一方のみの路線に面している宅地に対するものであり、ほとんどの宅地の場合は単純に「路線価×宅地の面積」では計算できません。とはいえ、**相続財産のおおよその評価額を知りたい場合は単純に「路線価×宅地の面積」で計算してみる**のもいいでしょう。

正確な宅地の相続税評価額の計算方法は、次のようになります。

相続税評価額＝路線価×奥行価格補正率（×各種補正率）×宅地の面積

つまり、各種補正率（↓109ページ）を掛けていくことが必要です。補正率は数種類あり、間口が狭い宅地には「間口狭小補正率」、奥行が長い宅地には「奥行長大補正率」、不整形地には「不整形地補正率」のように適用させていきます。

また、複数の路線に面している場合は、「路線価×奥行価格補正率」が一番高くなる路線価を基準にし、その宅地の路線価として計算していくのです。

路線価図の見方

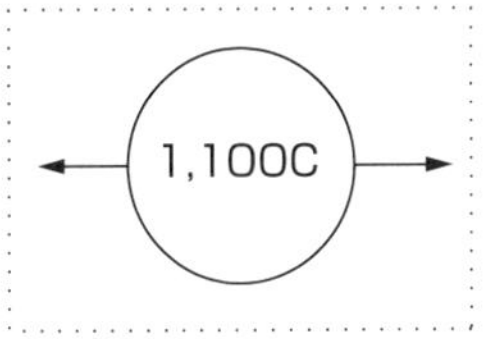

その道路に面している宅地は1㎡あたり1,100千円で評価する

○は普通商業併用住宅地区
Cは借地権割合70%の記号

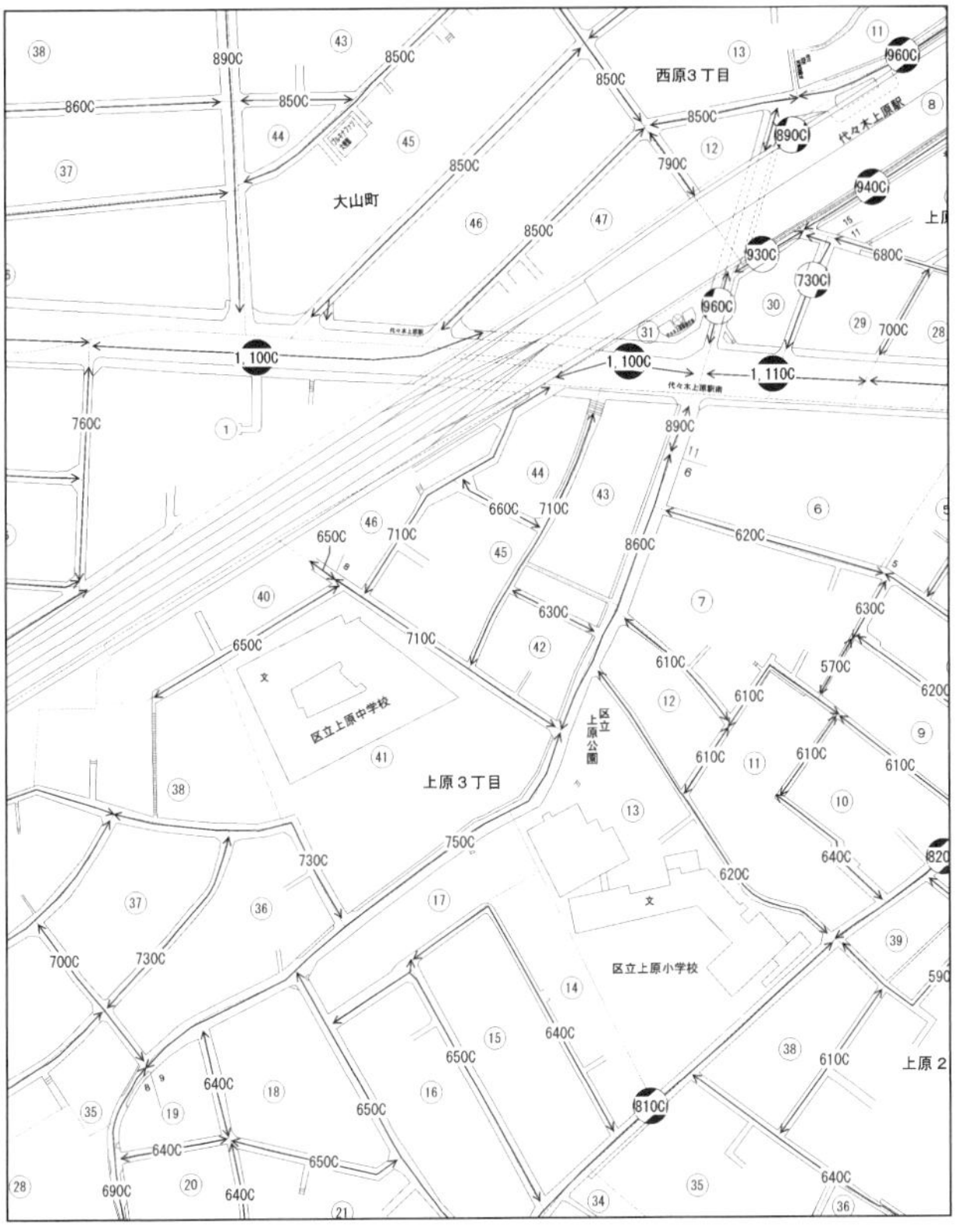

路線価方式による評価額の計算

例1）　一方路のみが路線に接する宅地の評価

（Dは借地権割合60%の記号）

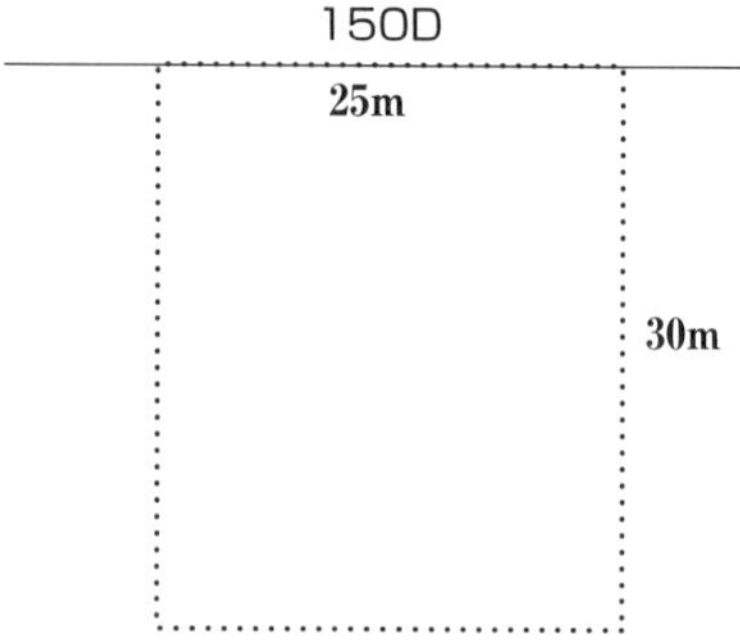

地区区分……普通住宅地区
面　　積……750㎡

①　15万円（路線価）×0.95（奥行価格補正率）＝14万2500円

②　14万2500円×750（面積）＝1億687万5000円

例2）　2面が路線に接する宅地（角地）の評価

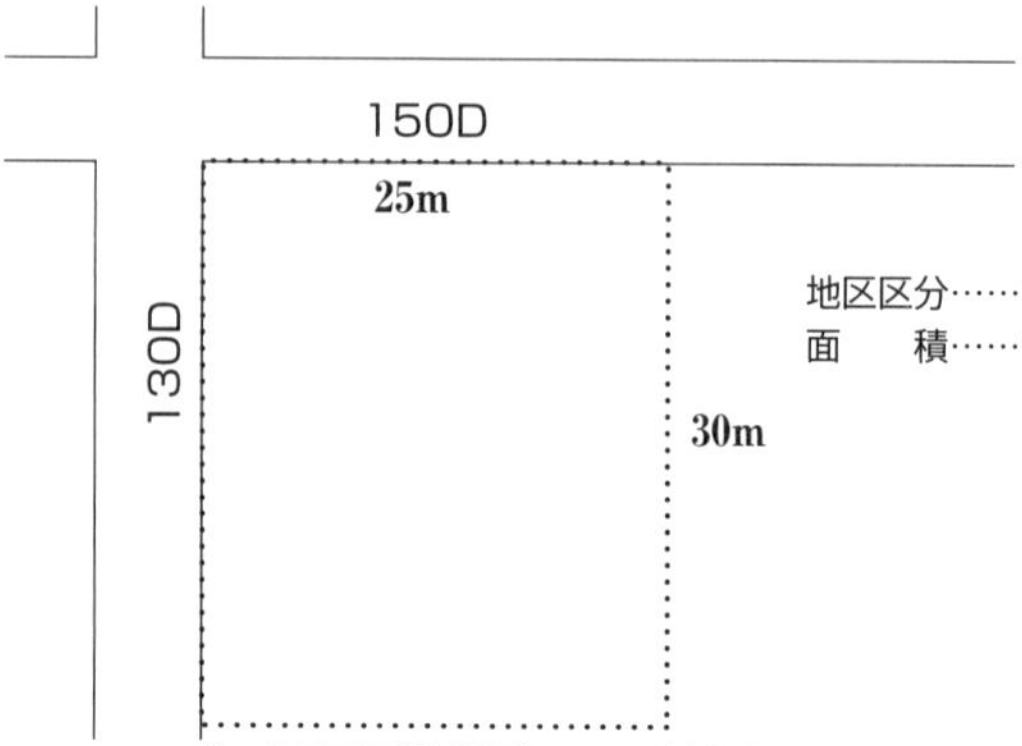

地区区分……普通住宅地区
面　　積……750㎡

①　15万円（路線価）×0.95（奥行価格補正率）＝14万2500円

②　14万2500円＋13万円（路線価）×0.97（奥行価格補正率）×0.03（側方路線影響加算率）＝14万6283円

③　14万6283円×750＝1億971万2250円

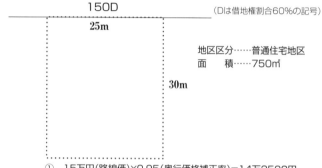

土地および土地の上に存する権利の評価についての調整率表

① 奥行価格補正率表

奥行距離m ＼ 地区区分	ビル街	高度商業	繁華街	普通商業・併用住宅	普通住宅	中小工場	大工場
4未満	0.80	0.90	0.90	0.90	0.90	0.85	0.85
4以上 6未満		0.92	0.92	0.92	0.92	0.90	0.90
6 〃 8 〃	0.84	0.94	0.95	0.95	0.95	0.93	0.93
8 〃 10 〃	0.88	0.96	0.97	0.97	0.97	0.95	0.95
10 〃 12 〃	0.90	0.98	0.99	0.99	1.00	0.96	0.96
12 〃 14 〃	0.91	0.99	1.00	1.00		0.97	0.97
14 〃 16 〃	0.92	1.00				0.98	0.98
16 〃 20 〃	0.93					0.99	0.99
20 〃 24 〃	0.94					1.00	1.00
24 〃 28 〃	0.95				0.97		
28 〃 32 〃	0.96		0.98		0.95		
32 〃 36 〃	0.97		0.96	0.97	0.93		
36 〃 40 〃	0.98		0.94	0.95	0.92		
40 〃 44 〃	0.99		0.92	0.93	0.91		
44 〃 48 〃	1.00		0.90	0.91	0.90		
48 〃 52 〃		0.99	0.88	0.89	0.89		
52 〃 56 〃		0.98	0.87	0.88	0.88		
56 〃 60 〃		0.97	0.86	0.87	0.87		
60 〃 64 〃		0.96	0.85	0.86	0.86	0.99	
64 〃 68 〃		0.95	0.84	0.85	0.85	0.98	
68 〃 72 〃		0.94	0.83	0.84	0.84	0.97	
72 〃 76 〃		0.93	0.82	0.83	0.83	0.96	
76 〃 80 〃		0.92	0.81	0.82			
80 〃 84 〃		0.90	0.80	0.81	0.82	0.93	
84 〃 88 〃		0.88		0.80			
88 〃 92 〃		0.86			0.81	0.90	
92 〃 96 〃	0.99	0.84					
96 〃 100 〃	0.97	0.82					
100 〃	0.95	0.80			0.80		

② 側方路線影響加算率表

地区区分	加算率	
	角地の場合	準角地の場合
ビル街	0.07	0.03
高度商業、繁華街	0.10	0.05
普通商業・併用住宅	0.08	0.04
普通住宅、中小工場	0.03	0.02
大工場	0.02	0.01

③ 二方路線影響加算率表

地区区分	加算率
ビル街	0.03
高度商業、繁華街	0.07
普通商業・併用住宅	0.05
普通住宅、中小工場	0.02
大工場	0.02

④ 不整形地補正率を算定する際の地積区分表

地区区分 ＼ 地積区分	A	B	C
高度商業	1,000㎡未満	1,000㎡以上 1,500㎡未満	1,500㎡以上
繁華街	450㎡未満	450㎡以上 700㎡未満	700㎡以上
普通商業・併用住宅	650㎡未満	650㎡以上 1,000㎡未満	1,000㎡以上
普通住宅	500㎡未満	500㎡以上 750㎡未満	750㎡以上
中小工場	3,500㎡未満	3,500㎡以上 5,000㎡未満	5,000㎡以上

⑤ 不整形地補正率表

かげ地割合 ＼ 地積区分 ＼ 地区区分	高度商業、繁華街、普通商業・併用住宅、中小工場			普通住宅		
	A	B	C	A	B	C
10%以上	0.99	0.99	1.00	0.98	0.99	0.99
15% 〃	0.98	0.99	0.99	0.96	0.98	0.99
20% 〃	0.97	0.98	0.99	0.94	0.97	0.98
25% 〃	0.96	0.98	0.99	0.92	0.95	0.97
30% 〃	0.94	0.97	0.98	0.90	0.93	0.96
35% 〃	0.92	0.95	0.98	0.88	0.91	0.94
40% 〃	0.90	0.93	0.97	0.85	0.88	0.92
45% 〃	0.87	0.91	0.95	0.82	0.85	0.90
50% 〃	0.84	0.89	0.93	0.79	0.82	0.87
55% 〃	0.80	0.87	0.90	0.75	0.78	0.83
60% 〃	0.76	0.84	0.86	0.70	0.73	0.78
65% 〃	0.70	0.75	0.80	0.60	0.65	0.70

⑥ 間口狭小補正率表

間口距離m ＼ 地区区分	ビル街	高度商業	繁華街	普通商業・併用住宅	普通住宅	中小工場	大工場
4未満	−	0.85	0.90	0.90	0.90	0.80	0.80
4以上6未満	−	0.94	1.00	0.97	0.94	0.85	0.85
6 〃 8 〃	−	0.97		1.00	0.97	0.90	0.90
8 〃 10 〃	0.95	1.00			1.00	0.95	0.95
10 〃 16 〃	0.97					1.00	0.97
16 〃 22 〃	0.98						0.98
22 〃 28 〃	0.99						0.99
28 〃	1.00						1.00

⑦ 奥行長大補正率表

奥行距離/間口距離 ＼ 地区区分	ビル街	高度商業	繁華街	普通商業・併用住宅	普通住宅	中小工場	大工場
2以上3未満	1.00		1.00		0.98	1.00	1.00
3 〃 4 〃			0.99		0.96	0.99	
4 〃 5 〃			0.98		0.94	0.98	
5 〃 6 〃			0.96		0.92	0.96	
6 〃 7 〃			0.94		0.90	0.94	
7 〃 8 〃			0.92			0.92	
8 〃			0.90			0.90	

⑧ 規模格差補正率を算定する際の表

イ　三大都市圏に所在する宅地

地積㎡ ＼ 記号 ＼ 地区区分	普通商業・併用住宅 普通住宅	
	Ⓑ	Ⓒ
500以上1,000未満	0.95	25
1,000 〃 3,000 〃	0.90	75
3,000 〃 5,000 〃	0.85	225
5,000 〃	0.80	475

ロ　三大都市圏以外の地域に所在する宅地

地積㎡ ＼ 記号 ＼ 地区区分	普通商業・併用住宅 普通住宅	
	Ⓑ	Ⓒ
1,000以上3,000未満	0.90	100
3,000 〃 5,000 〃	0.85	250
5,000 〃	0.80	500

⑨ がけ地補正率表

がけ地地積/総地積 ＼ がけ地の方位	南	東	西	北
0.10以上	0.96	0.95	0.94	0.93
0.20 〃	0.92	0.91	0.90	0.88
0.30 〃	0.88	0.87	0.86	0.83
0.40 〃	0.85	0.84	0.82	0.78
0.50 〃	0.82	0.81	0.78	0.73
0.60 〃	0.79	0.77	0.74	0.68
0.70 〃	0.76	0.74	0.70	0.63
0.80 〃	0.73	0.70	0.66	0.58
0.90 〃	0.70	0.65	0.60	0.53

⑩ 特別警戒区域補正率表

特別警戒区域の地積/総地積	補正率
0.10以上	0.90
0.40 〃	0.80
0.70 〃	0.70

国税庁·財産評価基準書(http://www.rosenka.nta.go.jp/)より

4 貸している土地、借りている土地の評価は？

宅地を人に貸すと「貸宅地」となり評価額は下がります

人に貸している宅地は評価額が下がる

宅地は使用目的によって評価方法が違います。たとえば、人に貸している土地（貸宅地）は評価額が下がるのです。理由は、**貸宅地には借地権が生じるために、土地の所有者といえども自由に処分できない**という不便さがあるからです。

つまり、**人に宅地を貸すことで相続税評価額が下がります。**

貸宅地の評価額は、次のように自用地としての評価額から借地権割合を引いて計算します。

貸宅地の評価額＝自用地としての評価額×（1－借地権割合）

普通の宅地の評価より借地権割合分だけ評価が下がる計算です。

「自用地」とは、自分で所有し自分で使用している土地のことで、自用地としての評価額とは路線価方式（↓106ページ）や倍率方式で求めた評価額になります。

貸宅地の評価方法

貸宅地とは?…… 人に土地を貸していて、その土地の上に他人の建物が建っている土地

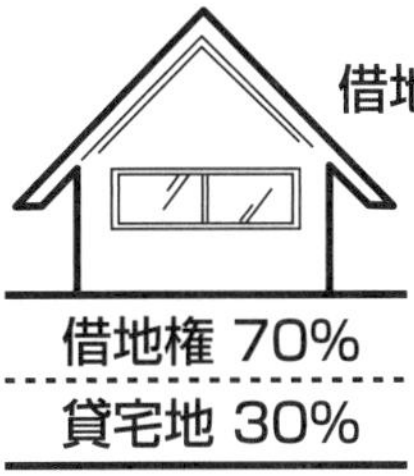

借地権割合70%の場合

家屋：Bさん
土地：Aさん

貸宅地の評価額
=自用地としての評価額×(1−借地権割合)

↑

路線価方式、倍率方式で算出した評価額

借地権割合 借地権割合は、路線価図の路線価の横にアルファベットで表示されています

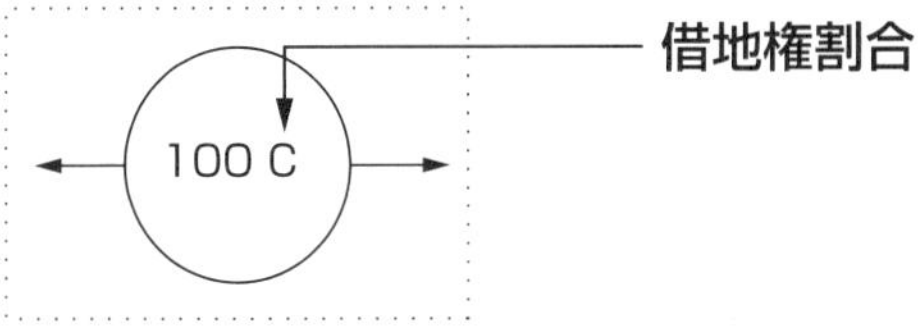

記号	A	B	C	D	E	F	G
借地権割合(%)	90	80	70	60	50	40	30

「借地権割合」とは、文字どおりその宅地における借地権の割合を言います。
つまり、借地権割合が30％であれば、その宅地の評価額のうち30％は借地権の評価額です。
借地権割合は路線価図の路線価の右脇にAからGまでのアルファベットで表示されていて、割合はA＝90％、B＝80％、C＝70％、D＝60％、E＝50％、F＝40％、G＝30％――となります。

たとえば、自用地としての評価額が1億円、借地権割合が70％の貸宅地の評価額は、次のように計算します。

貸宅地の評価額＝1億円×（1－70％）＝3000万円

◇借りている土地の評価は借地権割合を掛ければいい

それでは、貸宅地を借りている借地人に相続が起こった場合はどうなるのでしょうか。
借地人に相続があったときは、借地権が相続財産となります。この場合、次のように評価します。

借地権の評価額＝自用地としての評価額×借地権割合

宅地としての評価額に借地権割合を掛ければ、借地権の評価額が計算できるわけです。

このように、貸宅地の評価額と借地権の評価額を合計すると、自用地としての評価額になるのです。

つまり、貸宅地というのは、地主と借地人が共同で所有していて、借地人が借地権割合分を所有し、残りを地主が所有しているようなものなのです。

貸宅地の評価額の計算

例 自用地としての評価額1億円
借地権割合70%

評価額=1億円×(1−70%)=3000万円
評価額が1億円でなく3000万円となる

貸宅地は評価額が低い
↓
相続税の負担は更地より軽い

5 アパートやマンションを建てた土地の評価は?

アパートや賃貸マンションを建てると土地の評価額は下がります

宅地に一戸建ての貸家、賃貸アパート、賃貸マンションを建てている土地のことを、「貸《かし》家《や》建《たてつけ》付地《ち》」と言います。**自己所有の土地に建物を建てて、その建物を他人に貸して家賃収入を得ている宅地のこと**です。

貸家建付地にすることでも、宅地の評価額は下がるので相続対策として賃貸アパートを建てることが多いのです。貸家建付地の評価額は次のように計算します。

貸家建付地の評価額

＝自用地としての評価額×（1－借地権割合×借家権割合×賃貸割合）

借家権割合は現在、全国的に30％に統一されています。賃貸割合は、実際に賃貸されている部分のことで次のように計算します。

賃貸割合（％）

＝賃貸されている部屋の床面積の合計÷その建物の全部屋の床面積の合計×100

貸家建付地の評価方法

貸家建付地とは…… 自分の所有する土地の上に建物を建ててその建物を人に貸している

貸家建付地の評価額
＝自用地としての評価額×（1－借地権割合×借家権割合×賃貸割合）
↑
路線価方式で算出した評価額

例 自用地としての評価額1億円

借地権割合	50%
借家権割合	30%
賃貸割合	80%

1億円×（1－50%×30%×80%）＝8800万円

貸家建付地にすると評価額が下がる
↓
相続税が安くなる

6 家族が住んでいる宅地でも割引特例はないの？

「小規模宅地等の評価減の特例」を適用すると宅地の評価額が最大80％割引

◇「小規模宅地等の評価減の特例」は節税効果が大きい！

一定の要件を満たした宅地には、「小規模宅地等の評価減の特例」が適用できます（↓巻末用語解説）。この特例が適用できると評価額が最大80％割引になります。**1億円の土地の評価が2000万円まで下がる**ので、節税効果がたいへん大きくなります。

被相続人が事業用や居住用として使っていた土地は、財産であるという前に生活の基盤です。こうした土地にまで高い評価をしてしまうと相続人の生活を脅かすことになりかねないとの理由で、大幅な割引が認められているのです。

被相続人か、生計を一にする（↓巻末用語解説）親族（相続人等）が居住・事業用として使っていた宅地を共同相続した場合に、取得者ごとに要件を判定するため、同居でない子供などは実質的にこの特例を受けられないケースがあります。

小規模宅地等の評価減の特例の種類

特定居住用宅地等の評価減の特例……
330㎡まで80%割引
特定事業用宅地等の評価減の特例……
400㎡まで80%割引
特定同族会社事業用宅地等の評価減の特例……
400㎡まで80%割引
貸付事業用宅地等の評価減の特例……
200㎡まで50%割引

それぞれの土地によって適用できる特例が違ってくる

評価額1億円の土地

↓ 80%割引を適用すると

評価額2000万円になる！

小規模宅地等の評価減の特例が適用できるかが相続税額を決める

特定の小規模宅地等は次の4種類があります。

・特定居住用宅地等（↓118ページ）
・特定事業用宅地等（↓120ページ）
・特定同族会社事業用宅地等（↓122ページ）
・貸付事業用宅地等（↓122ページ）

それぞれに、適用要件、評価減割合、限度面積が決まっています。

限度面積とは、評価する土地の面積が限度面積を超える宅地に適用できないという意味ではありません。たとえば、評価する宅地が500㎡で限度面積が330㎡の場合、330㎡までが評価減が受けられ、残りの170㎡は評価減が受けられないということです。

特定居住用宅地等は330㎡まで80％割引

「特定居住用宅地等」は被相続人等の居住用に使われていた宅地のことで、次のいずれかの要件を満たした場合に330㎡まで80％割引になります。

① 被相続人の配偶者が相続する。
② 被相続人と同居していた親族が相続し、申告期限まで引き続き所有し居住する。
③ 被相続人に配偶者も同居していた親族もいない場合に、相続開始前3年以内に持ち家のない一定の別居親族が取得し申告期限まで引き続き所有する。

特定居住用宅地等の評価減の特例

適用要件

① 被相続人の配偶者が取得する

② 被相続人と同居していた親族が取得し、申告期限まで引き続き居住用に使用する

③ 被相続人に配偶者も同居していた親族もいない場合、持ち家のない一定の別居親族が取得し、申告期限まで引き続き所有する

①②③のうち
1つでも満たせば

↓

330㎡まで80%割引

被相続人の配偶者が居住用に使用していた土地には、ほとんど適用できます

↓

ほとんどの場合、自宅は80%割引

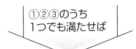

つまり、**被相続人の所有していた宅地を、①被相続人の配偶者が取得するか、②被相続人と同居していた親族が取得した場合は、申告期限まで引き続き所有し居住用に使用すれば80％割引を受けることができます。**一方、③はわかりづらいので少し説明しましょう。

たとえば、父親が東京で一人暮し（配偶者はいない）、長男は仕事で大阪の社宅に住んでいるといったケースです。この場合、大阪で社宅暮らしをしている長男が、父親の居住用宅地等を相続し、申告期限までの10カ月間所有して売らなければ80％割引になります。

要するに、持ち家のない長男が父親の居住用宅地を相続すれば、いずれ仕事で東京に戻ってくるなど状況が許すようになったら父親の自宅に戻ってきて住むだろうから、その居住用の宅地については守ってあげよう、ということです。

◇――特定事業用宅地等は４００㎡まで80％割引

「特定事業用宅地等」は自営業者などが店舗や工場の敷地として使用していた土地のことで、次の条件をすべて満たした場合に４００㎡まで80％割引になります。

① **被相続人の事業を引き継ぐ親族がいる。**
② **宅地の一部または全部を、事業を引き継ぐ親族が取得し申告期限まで事業を継続する。**

「事業を引き継ぐ」といっても、あくまで事業主であるかによって判定するので、相続する

特定事業用宅地等の評価減の特例と特定同族会社事業用宅地等の評価減の特例

特定事業用宅地等の評価減の特例

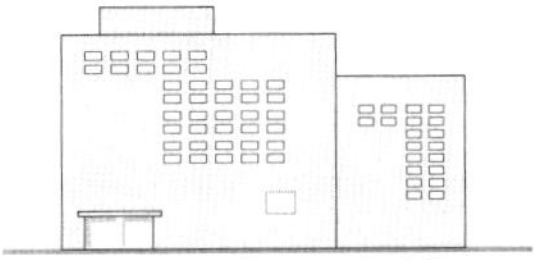

自己所有の土地

① 被相続人の事業を引き継ぐ親族がいる

② その宅地の一部または全部について事業を引き継ぐ親族が取得し、申告期限まで事業を継続する

①②の両方を満たすと400㎡まで80％割引

特定同族会社事業用宅地等の評価減の特例

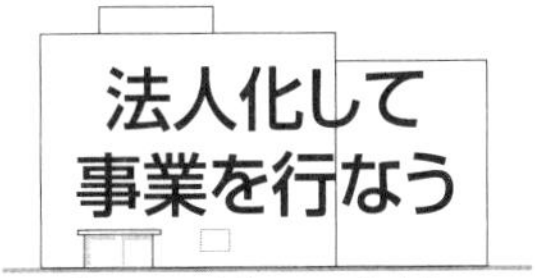
法人化して
事業を行なう

自己所有の土地

① 引き続き同族会社の事業用に使用する

② その同族会社の役員である被相続人の親族が取得し、申告期限まで引き続き所有する

①②の両方を満たすと400㎡まで80％割引

人がサラリーマンでも、引き継いだ事業の事業主になっていればいいことになります。

◇――特定同族会社事業用宅地等は400㎡まで80％割引

「特定同族会社事業用宅地等」は、被相続人および被相続人と生計を一にする親族の持ち株割合が50％超の同族会社の事業用に貸し付けていた宅地のことで、次の条件をすべて満たした場合に400㎡まで80％割引になります。

① 引き続きその同族会社の事業用に使用する。

② その同族会社の役員である被相続人の親族が取得し、申告期限まで引き続き所有する。

つまり、オーナー社長が自分の土地を自分の会社に貸している場合です。

たとえば、自分の所有している土地の上でラーメン屋を営業しているとして、そのラーメン屋を法人化してその法人所有の建物が建っている土地を貸し付けているといった場合になります。

◇――不動産貸付用地は「貸付事業用宅地等の評価減」を適用する

貸宅地、貸家建付地、アスファルト舗装など構築物のある駐車場の敷地については、左の要件を満たせば、２００㎡まで50％減の「貸付事業用宅地等」の評価減を適用できます。

なお、貸付事業用宅地等の特例の適用を受けない場合に限り、特定居住用宅地等３３０㎡と特定事業用宅地等４００㎡の両方、合計７３０㎡まで80％減額の適用が可能です。

貸付事業用宅地等の評価減の特例と居住用と事業用の宅地等を選択する場合の適用面積

貸付事業用宅地等の評価減の特例

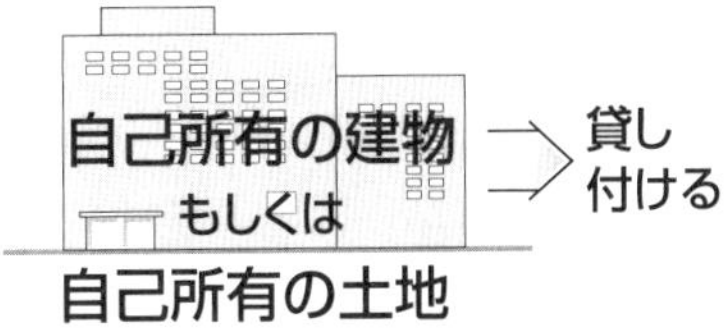

① 被相続人の貸付事業を引き継ぐ親族がいる

② その宅地の一部または全部について
貸付事業を引き継ぐ親族が取得し、
申告期限まで貸付事業を継続する

①②の両方を満たすと200㎡まで50%割引

居住用と事業用の宅地等を選択する場合の適用面積

特定居住用宅地等	330m²
特定事業用宅地等	400m²

合計730m²まで適用可能

（貸付事業用宅地等について特例の適用を受けない場合に限る）

7 建物は、どう評価するのか？

家屋などの建物は固定資産税評価額で評価します

日本では財産評価をするとき、建物と宅地は別々に評価します。当然、相続財産を評価するときも同じです。

自ら使用する居住用や事業用の建物は、固定資産税評価額がそのまま相続税評価額になります。固定資産税評価額は都税事務所、市町村役所の固定資産税係で確認できます。

自ら使用する居住用のマンションも、建物部分と土地の部分で別々に評価することになるので次のように計算します。

マンション1室の評価額＝建物部分（固定資産税評価額）
＋土地部分（マンションの敷地全体の評価額×持分割合）

また、建築中の家屋の場合は「費用原価」の70％が相続税評価額になります。

「費用原価」とは、相続の開始時点までにかかった建築材料費や施工費などを換算したものです。これを知るためには、家屋の建築を依頼している工務店などに費用明細を算出してもらいます。

建物（家屋）の評価方法

建物（家屋）の評価額＝固定資産税評価額

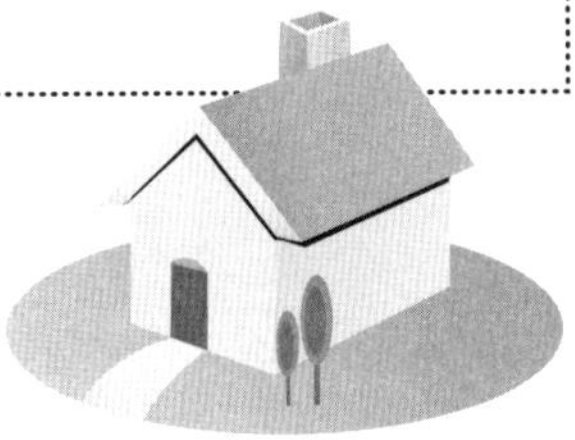

マンション1室の評価方法

マンション1室の評価額＝
建物部分（固定資産税評価額）＋土地部分
（マンションの敷地全体の評価額×持分割合）

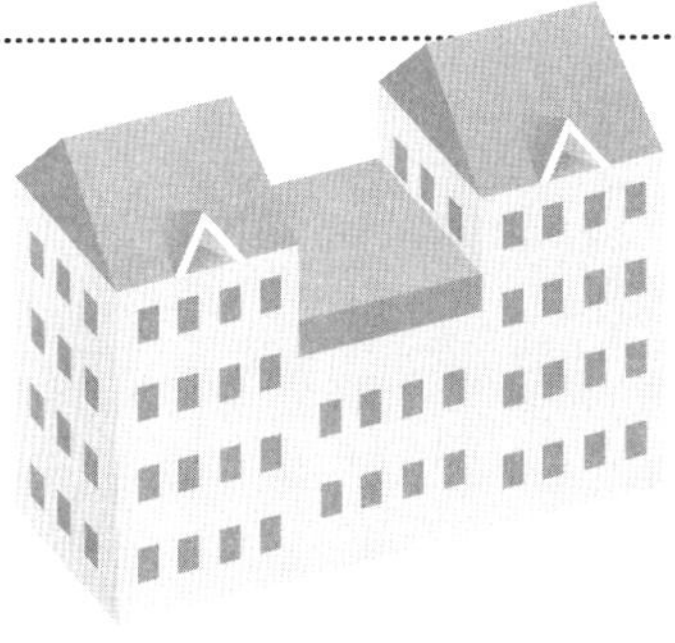

8 貸している家やアパートの評価方法は？

貸している建物は評価額が下がります

貸家にすると評価額が下がる

一軒家、アパート、マンションを他人に貸している場合、その建物は「貸家」として評価されるので評価額が下がります。これは、宅地を貸宅地（↓110ページ）や貸家建付地（↓114ページ）とすることで評価が下がったのと同じように、借家人がいるため自由に処分できないなどの不便さを強いられるためです。貸家の評価額は次のように計算します。

貸家の評価額＝建物としての評価額（固定資産税評価額）×（1－借家権割合）

このように、貸家の評価額は固定資産税評価額から借家権割合を引いた額になります。借家権割合は全国一律30％となっていますから、貸家の評価額は建物としての評価額の7割ということです。

アパートやマンションのような集合住宅の場合は、固定資産税評価額から借家権割合と賃貸割合を掛けた額になり、次のように計算します。

貸家、賃貸アパート、賃貸マンションの評価方法

貸家の評価方法

貸家の評価額＝建物としての評価額（固定資産税評価額）
×（1－借家権割合）

↑

全国一律30%

賃貸アパート、賃貸マンションの評価方法

賃貸アパート、賃貸マンションの評価額
＝建物としての評価額（固定資産税評価額）
×（1－借家権割合×賃貸割合）

↑

全体に対する賃貸している床面積の割合

$$\text{賃貸割合(\%)} = \frac{\text{賃貸している床面積}}{\text{全体の床面積}} \times 100$$

集合住宅の評価額
＝建物としての評価額（固定資産税評価額）×（1－借家権割合×賃貸割合）

たとえば、評価額（固定資産税評価額）が1億円、借家権割合30％、床面積の80％を貸している場合の計算式は次のようになります。

1億円×｛1－30％（借家権割合）×80％（賃貸割合）｝＝7600万円

また、114ページで述べたように、アパートやマンションを建てて人に貸している土地は「貸家建付地」になるので、土地の評価額も下がります。

◇―1棟のビルに自宅と賃貸住宅があるときは別々に計算する

1棟の建物のうち、1階から2階を賃貸し、3階を自宅にしている場合は、賃貸部分と自宅部分を別々に評価します。自宅用に使用している3階部分については固定資産税評価額で評価し、1階から2階までの賃貸部分は貸家としての評価になります。

たとえば、左図の例で、建物の評価額（固定資産税評価額）が3000万円、各階が同じ面積で賃貸部分が満室、借家権割合が30％の場合は次のように計算します。

自宅部分の評価額＝3000万円×3分の1＝1000万円
賃貸部分の評価額＝3000万円×3分の2×（1－30％）＝1400万円
建物全体の評価額＝1000万円＋1400万円＝2400万円

1棟の建物内に自宅と賃貸があるとき

例

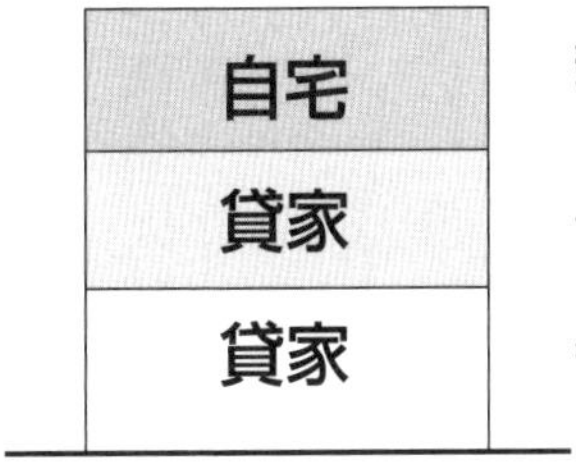

建物全体の固定資産税評価額
3000万円

借家権割合　30%

各階の面積は同じとする

3階の自宅部分の評価額=3000万円× $\frac{1}{3}$ =1000万円

1階〜2階の貸家部分の評価額=
3000万円× $\frac{2}{3}$ ×(1−30%)=1400万円

建物全体の評価額=1000万円+1400万円=2400万円

9 株式の評価は、どうするのか？

株式は3種類に分類し、それぞれ異なった方法で評価します

株式と言っても証券取引所に上場している企業の株式とは限りません。

日本には、多くの株式会社があり、そのすべてが株式を発行しています。つまり、**上場株式はもちろんですが、株主が社長1人という企業の株式も相続財産になる**のです。

そこで相続税では、株式を次の3つに区分してそれぞれについて評価方法を定めています。

① **上場株式**（↓132ページ）……東京、大阪などにある、どこかの証券取引所のいずれかに上場されている株のことです。

② **気配相場等のある株式**（↓134ページ）……公開途上にある株式などです。

③ **取引相場のない株式**（↓136ページ）……①②以外の株式で、個人商店と変わりない零細規模の会社が発行するものから、大規模会社の株式で上場しようと思えばすぐにできるものまで、多くの会社があり評価方法も複雑になっています。いわゆるオーナー社長の所有している自社株で、日本の会社のほとんどがこれにあたります。

株式の評価方法

上場株式……証券取引所に上場している株

P.132参照

気配相場等のある株式
……店頭株、公開途上の株など

P.134参照

取引相場のない株式……いわゆる自社株

P.136参照

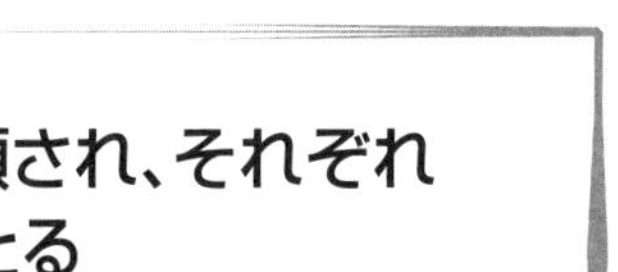

株式は3種類に分類され、それぞれ独自の評価方法をとる

10 上場株式の評価は、どうするのか？

上場株式は4とおりの評価額のうち、最も低い額で評価します

◇上場株式の評価は4とおりある

上場株式は、次にあげる4とおりの評価額のうちで最も低い金額で評価します。**値動きの激しい株式のような評価を死亡した日の終値で決めてしまうと、相続人が値動きによる不利益を被る可能性があるので、**ある程度の値幅を持たせているのです。

①　課税時期の最終価格（終値）
②　課税時期の属する月の最終価格（終値）の月平均額
③　課税時期の属する月の前月の最終価格（終値）の月平均額
④　課税時期の属する月の前々月の最終価格（終値）の月平均額

◇「課税時期」は、どうやって決まるか？

課税時期とは、相続、遺贈または贈与があった日です。相続の場合は被相続人が死亡した

日になります。

課税時期に最終価格がないときは、課税時期の前日以前の最終価格または翌日以後の最終価格のうち課税時期に最も近い日の最終価格を採用します。

課税時期に最も近い日の最終価格が２つあるときは、２つの価格の平均額になります。

上場株式の評価方法

① 課税時期の最終価格（終値）

② 課税時期の属する月の最終価格（終値）の月平均額

③ 課税時期の属する月の前月の最終価格（終値）の月平均額

④ 課税時期の属する月の前々月の最終価格（終値）の月平均額

①〜④のうちの最も低い金額で評価します

課税時期とは？……

相続、遺贈または贈与があった日。相続の場合は被相続人が死亡した日になります

11 気配相場等のある株式の評価方法は？

公開途上にある株式などは、それぞれの評価方法が決まっています

気配相場のある株式とは、「登録銘柄・店頭管理銘柄」、「公開途上にある株式」のことを言います。

一見複雑そうに思えますが、**「登録銘柄・店頭管理銘柄」は店頭公開株のことで評価方法は上場株式と同じ**です（平成16年のジャスダック証券取引所の創設に伴い、「登録銘柄・店頭管理銘柄」はジャスダックに移行されました）。

また、「公開途上にある株式」は公開価格で評価することになるので簡単です。以前はこれに加えて「国税局長の指定する株式」もありましたが、ジャスダック証券取引所の創設時に同時に廃止されています。

それぞれの評価方法は次のようになります。

① 登録銘柄・店頭管理銘柄……上場株式と同じ（↓132ページ）。

② 公開途上にある株式……「公開価格」で評価します。

気配相場のある株式の評価方法

「気配相場のある株式」は2つに分類される

登録銘柄・店頭管理銘柄　……上場株式と同じ

公開途上にある株式　……公開価格で評価する

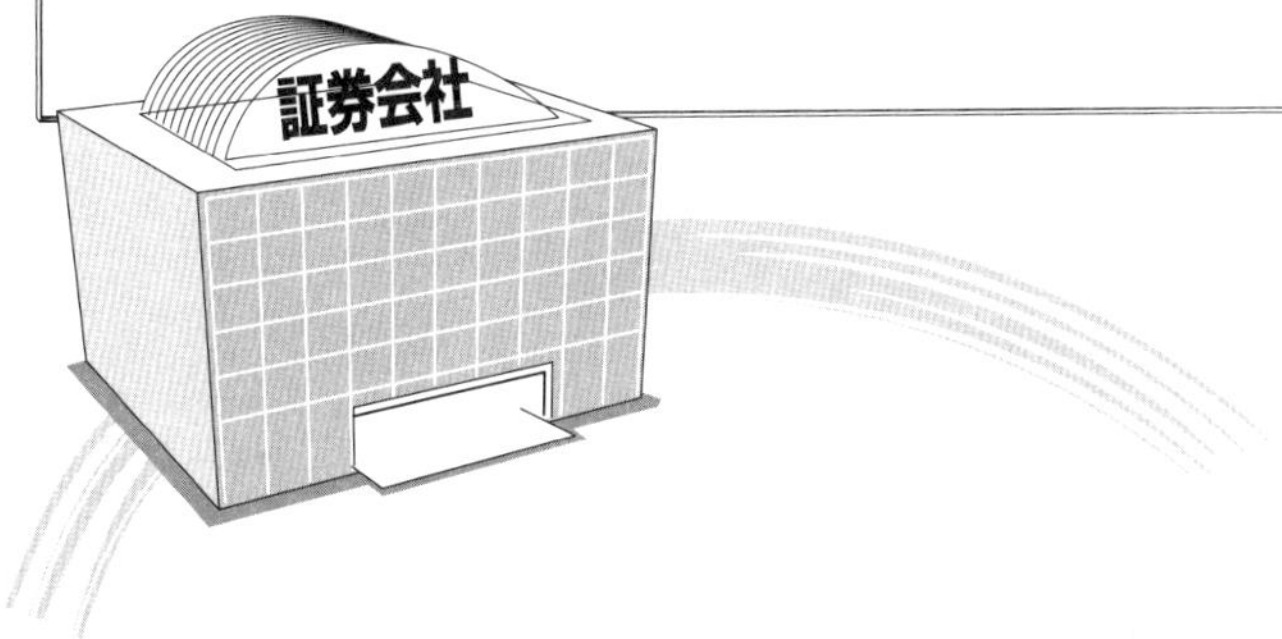

「登録銘柄・店頭管理銘柄」は店頭公開株のこと

「公開途上にある株式」は公開価格で評価する

「国税局長の指定する株式」は廃止された

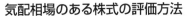

12 取引相場のない株式の評価方法は？

オーナー社長にとっては相続対策における最重要テーマです

◇会社の規模や株主の性質で評価方法が違う

「取引相場のない株式」とは、上場株式、気配相場等のある株式のいずれにも該当しない株式のことです。いわゆるオーナー社長の所有する株式です。

実際、日本の会社のほとんどが取引相場のない株式の発行会社にあたります。

オーナー社長にとっては、土地の評価以上に自社株の評価が相続税額を大きく左右します。対策を立てておかないと、多額の相続税を払わされることになりかねません。

ただし、「取引相場のない株式」の評価方法は、とても複雑なので税理士に相談するのが得策でしょう。しかし税理士に相談するにしても、しくみを知っておくことは大切です。評価方法は3種類あり、会社の規模や取得する株主の性質に応じて適用します。

なお、事業承継を支援する税制として、後継者である相続人に80％の納税が猶予される「非上場株式等についての贈与税・相続税の納税猶予の特例」があります（↓巻末用語解説）。

取引相場のない株式の評価方法

評価方法は次のステップで決定する

ステップ1 相続する株主を見る

・同族株主の場合……ステップ2に進む
・同族株主以外の場合……配当還元方式で評価する

ステップ2 会社の規模を見る

規模区分	区分の内容		純資産価額および従業員数	1年間における取引額
大会社	従業員数が70人以上の会社、または右のいずれかに該当する会社	卸売業	20億円以上(従業員数が35人以下の会社を除く)	30億円以上
		小売業・サービス業	15億円以上(従業員数が35人以下の会社を除く)	20億円以上
		その他の業種	15億円以上(従業員数が35人以下の会社を除く)	15億円以上
中会社	従業員数が70人未満の会社で右のいずれかに該当する会社	卸売業	7000万円以上(従業員数が5人以下の会社を除く)	2億円以上30億円未満
		小売業・サービス業	4000万円以上(従業員数が5人以下の会社を除く)	6000万円以上20億円未満
		その他の業種	5000万円以上(従業員数が5人以下の会社を除く)	8000万円以上15億円未満
小会社	従業員数が70人未満の会社で右のいずれにも該当する会社	卸売業	7000万円未満または従業員数が5人以下	2億円未満
		小売業・サービス業	4000万円未満または従業員数が5人以下	6000万円未満
		その他の業種	5000万円未満または従業員数が5人以下	8000万円未満

大会社の場合 類似業種比準方式
中会社の場合 類似業種比準方式と純資産価額方式併用
小会社の場合 純資産価額方式

いずれも純資産価額が低い場合は純資産価額で評価できる

純資産価額方式とは？

純資産価額方式は、会社の持つ資産の相続税評価額の合計から負債の合計額を引いた金額（つまり純資産価額）を、発行済株式数で割って株価を計算する方法です。

資産に含み益を持っていればいるほど、株の評価額が高くなります。

類似業種比準方式とは？

類似業種比準方式は、評価する会社と、評価する会社と業種が類似する上場会社の株価、1株当たり配当、1株当たり利益、1株当たり純資産を基《もと》にして株価を計算する方法です。

業績がいい会社ほど、株の評価額が高くなります。

配当還元方式とは？

少数株主（会社の支配権をほとんど持っていない株主）の持つ取引相場のない株式は、配当金から逆算的に株価を求める配当還元方式で評価します。

少数株主の持つ株式とオーナー社長の持つ株式とで評価方法が異なるのは、少数株主にとって取引相場のない株式はほとんど換金価値がないので、資産価値はゼロだからです。

配当還元方式で算出した価額が純資産価額方式と類似業種比準方式よりも高い場合は、オーナー社長と同じ評価方法を選べます。

各方式の計算方法

純資産価額方式

$$\left(\text{資産の合計額}-\text{負債の合計額}-\begin{matrix}\text{評価益に対する}\\\text{法人税等相当額}\end{matrix}\right)\div\begin{matrix}\text{発行済}\\\text{株式数}\end{matrix}$$

＝1株当たりの純資産価額

類似業種比準方式

$$\text{類似業種の株価}\times\frac{\dfrac{\text{当・配当}}{\text{類・配当}}+\dfrac{\text{当・利益}}{\text{類・利益}}+\dfrac{\text{当・純資産}}{\text{類・純資産}}}{3}\times 0.7^{※}$$

類…類似会社のもの（国税庁発表）
当…当社のもの

1株当たり資本金の額が50円でない場合は1株当たり資本金の額÷50円を計算した金額に掛けます

※「0.7」は、中会社に該当する場合は「0.6」、小会社に該当する場合は「0.5」となります

配当還元方式

$$\frac{\text{年配当金額}^{※}}{10\%}\times\frac{\text{1株当たりの資本金の額}}{50\text{円}}=\text{配当還元価額}$$

$$※\text{年配当金額}：\frac{\text{直前期末以前2年間の配当}}{2}\div(\text{資本金額}\div 50\text{円})$$

＝年配当金額
（2円50銭未満の場合は、2円50銭で計算）

13 公社債、投資信託の評価は、どうするか？

公社債、貸付信託、投資信託には、それぞれの評価方法があります

財産として公社債、貸付信託などを持っているケースも多いはずです。これらの金融商品は、それぞれの金融商品によって評価方法が異なります。

公社債の評価については、左の算式のように券面額100円当たりの単位で評価することになっています。ここでは、上場されているものの評価方法をあげましたが、課税時期の最終価格について、「売買参考統計値」が公表される銘柄として選定された公社債の場合には、最終価格と平均値とのいずれか低いほうの金額となります（↓巻末用語解説）。

公社債や転換社債の評価方法には、左図のほか「売買参考統計値が公表される銘柄」「その他」の場合もあります。また証券投資信託の受益証券の評価は、課税時期において解約請求または買取請求した場合に証券会社等から支払いを受けることができる価額になります。

このように、**公社債や投資信託の評価方法はとても複雑になるので、実際の評価にあたっては税理士に相談することをお勧めします。**

公社債、投資信託の評価方法

利付公社債の評価方法(上場されているもの)

(課税時期の最終価格+既経過利息−源泉税相当額)×券面額÷100

割引債の評価方法(上場されているもの)

課税時期の最終価格×券面額÷100

元利均等償還が行なわれる公社債の評価方法

年金など定期金に関する権利の評価に準じる

転換社債の評価方法(上場されているもの)

課税時期の最終価格+既経過利息−源泉税相当額

貸付信託の評価方法

元本+(既経過収益−源泉税相当額)−買取割引料

投資信託の評価方法

① 中期国債ファンド、MMFなど日々決算型
1口当たりの基準価額×口数+未収分配金−源泉税相当額
−解約手数料等

② ①以外の証券投資信託の受益証券
1口当たりの基準価額×口数−源泉税相当額−解約手数料等

14 ゴルフ会員権の評価は、どうするのか？

ゴルフ会員権は、基本的には取引価格の70％で評価します

ゴルフ会員権は、①取引相場のある会員権、②取引相場のない会員権、③株式の所有を必要とせずかつ譲渡できない会員権――に分類して評価します。

「①取引相場のある会員権」は、取引価格の70％で評価することになるので、同じ額の現金で持っているよりは評価額が下がります。つまり、1000万円のものを700万円で評価できるわけですから、節税効果があるのです。

以下、それぞれの評価方法は次のようになります。

①取引相場のある会員権

・原則……課税時期の取引価格×70％

・取引価格に含まれない預託金等がある場合……（課税時期の取引価格×70％）＋預託金等の評価額

②取引相場のない会員権

・株主でなければ会員となれない会員権……株式としての評価額

・株主であり、かつ、預託金等を預託しなければ会員となれない会員権……株式としての評価額＋預託金等の評価額
・預託金等を預託しなければ会員となれない会員権……預託金等の評価額

③株式の所有を必要とせずかつ譲渡できない会員権
・この会員権で、返還を受けることができる預託金等がなく、単にプレーができるだけのものは評価しません。

ゴルフ会員権の評価方法

取引相場のある会員権

- 課税時期の取引価格×70％
- ただし、預託金がある場合は
課税時期の
取引価格×70％＋預託金

取引相場のない会員権

- 株主でなければならない
会員権の場合は
「株式としての評価額」
- 株主であり、かつ、預託金がある
会員権の場合は
「株式としての評価額＋預託金」

15 海外（外貨建て）財産の評価は、どうする？

海外の資産や外貨建て資産は、日本円に換算してから評価します

外貨建てによる財産および国外にある財産は、日本円に換算した額が相続税評価額になります。つまり**海外資産は、現地での資産価額を日本円に一度直す必要がある**のです。この場合の換算率は、原則として取引金融機関が公表する課税時期の最終の為替相場（TTB）となります。

かつては、相続税の節税のために生前から海外に財産を移す人が多かったのですが、規制が厳しくなった現在では資産を海外に移すことでの節税効果は期待できません。とくに最近は、海外へ持っていくお金についても税務署は注意を払っており、平成24年からは「国外財産調書制度」が創設されています。5000万円を超える国外財産を保有する個人は、国外財産調書を提出しなければなりません（↓巻末用語解説）。

国外財産の申告漏れなどが発覚すると、過少申告加算税・無申告加算税（↓98ページ）を課されることにもなるので注意が必要です。

海外（外貨建て）資産の評価方法

評価の手順

① 日本円に換算する

② 日本円に換算したものを相続財産に加算し、ほかの財産と同じように計算する

現在は海外に資産を移しても税金対策としてのメリットはありません

このような理由もあり、現在では海外資産が相続税の対象とならないケースは非常に稀です。海外の財産についても国内の財産と同じように相続税の対象となるので、わざわざ海外に資産を移すことによるメリットは少なくなっています。

平成25年からは、**国内に居住する親から外国籍で外国に住む子や孫への相続・遺贈や贈与についても、国内財産・国外財産ともに相続税・贈与税の課税対象**となっています。

第4章

相続税・贈与税は、どのように計算するのか？

これでわかった！
相続税・贈与税の計算方法

1 相続税の計算の〝手順〟とは？

相続税は3段階で計算します

相続税の計算は、単純に各相続人の取得した財産額に税率を掛けるだけではありません。そうすると、遺産分割のやり方によって相続税額を安くできてしまうからです。どのように分割しても、相続税は、次の3段階で計算します。相続税の総額が同額になるようにするためです。

① 課税価格の合計から基礎控除額を差し引く（↓150ページ）
② 法定相続分どおりに相続したとして相続税総額を計算する（↓152ページ）
③ 各相続人の相続税額を計算する（↓154ページ）

まず最初に、相続財産の評価額から課税価格の合計を算出し、ここから基礎控除額を差し引きます。そのうえで、これを法定相続分どおりに相続したと仮定して、全体に対する相続税額（相続税総額）を求めます。

その後、各相続人の相続した財産の割合に応じて各相続人の相続税額を決めるわけです。②で相続税総額を計算するので、どう遺産分割しても相続税の総額は同額になります。

相続税計算の流れ

ステップ1

課税価格の合計から基礎控除額 (P.42参照) を引く

課税価格の合計 － 基礎控除額 (P.42参照) → 課税遺産総額

ステップ2

法定相続分 (P.72参照) どおりに相続したと仮定して相続税総額を計算する

課税遺産総額 →
法定相続分 × 税率＝仮税額
法定相続分 × 税率＝仮税額
法定相続分 × 税率＝仮税額
→ 相続税総額

ステップ3

各相続人の相続税額を計算する

相続人Aの相続税額＝相続税総額×$\frac{\text{Aの相続した財産}}{\text{全相続財産}}$

相続人Bの相続税額＝相続税総額×$\frac{\text{Bの相続した財産}}{\text{全相続財産}}$

相続人Cの相続税額＝相続税総額×$\frac{\text{Cの相続した財産}}{\text{全相続財産}}$

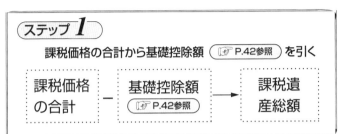

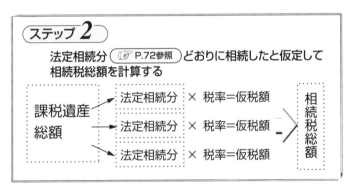

2 相続税の計算方法 ①課税価格の合計

相続税の対象となる財産の計算です

課税価格は、財産を取得した各相続人が個別に取得した財産の評価額です。相続税の対象となる財産の評価額なので相続税計算の基《もと》になります。

各相続人の算出した課税価格を合計したものが「課税価格の合計」です。つまり、「課税価格の合計」が基礎控除額（↓42ページ）を上回った分に対して相続税がかかることになります。「課税価格の合計」が基礎控除額を下回っていれば、相続税はかかりません。

課税価格は次の手順で計算します。

① 相続した財産の評価額（↓第3章）を計算する
② みなし相続財産（↓48ページ）の金額から非課税金額を控除したものを加える
③ 相続時精算課税適用財産の評価額（↓60ページ）を加える
④ 債務（借金）や葬式費用を引く
⑤ 相続開始前3年以内に贈与された財産（↓52ページ）の評価額を加える

課税価格の計算

① 相続した財産の評価額（☞ 第3章参照）を計算する

② みなし相続財産（☞ P.48参照）の金額から非課税金額を控除したものを加える

③ 相続時精算課税適用財産の評価額（☞ P.60参照）を加える

④ 債務（借金）や葬式費用を引く

⑤ 相続開始前3年以内に贈与された財産（☞ P.52参照）の評価額を加える

↓

課税価格

課税価格は、「財産を取得した各相続人が個別に取得した財産の評価額」のこと！

3 相続税の計算方法　②相続税の総額

相続税の総額は、「法定相続分で分割した」と仮定して求めます

相続税の総額は、課税価格の合計から基礎控除額（↓42ページ）を引いた額（課税遺産総額）を法定相続分（↓72ページ）どおりに分割したと仮定して計算します。**課税遺産総額に対する相続税額を求めることで、どのように遺産分割しても相続税総額は同額になる**のです。

相続税の総額は次の手順で計算します。

① 課税価格の合計額－基礎控除額＝課税遺産総額

② 課税遺産総額×各法定相続人の法定相続分＝各法定相続人の仮取得金額

③ 各法定相続人の仮取得金額×税率＝各法定相続人の仮相続税額

④ 各法定相続人の仮相続税額の合計金額＝相続税の総額

つまり、遺産分割が決まっていなくても相続税の総額がわかるのです。生前から相続税の総額がわかるので、相続時に必要な現金額もわかり、その額に基づく対策もできます。

相続税の総額の計算

① 課税遺産総額を計算する

課税価格の合計 － 基礎控除額 ☞P.42参照 → 課税遺産総額

② 法定相続分どおりに分割する

課税遺産総額 → 法定相続分
→ 法定相続分
→ 法定相続分

③ 法定相続分どおり分割したと仮定して各法定相続人の仮相続税額を計算する

法定相続分 × 税率 ＝ 各法定相続人の仮相続税額

④ 各法定相続人の仮相続税額を合計する

各法定相続人の仮相続税額
＋
各法定相続人の仮相続税額
＋
各法定相続人の仮相続税額
＝ 相続税の総額

4 相続税の計算方法 ③各相続人の相続税額

各相続人の税額は、取得した財産の割合に応じて決まります

各相続人の税額は、相続税の総額に各相続人が取得した財産割合を掛けて算出します。取得した財産が全相続財産の50％であれば、税額も相続税総額の50％になるのです。

各相続人の相続税額は次のように計算します。

各相続人の相続税額＝相続税の総額×あん分割合

あん分（按分）割合とは、課税価格の合計額に対する各相続人の取得額の割合です。

たとえば、相続税の総額が6000万円で、相続財産の3分の2を相続人A、3分の1を相続人Bが取得した場合、各相続人の相続税額は次のようになります。

相続人Aの相続税額＝6000万円（相続税の総額）×3分の2＝4000万円

相続人Bの相続税額＝6000万円（相続税の総額）×3分の1＝2000万円

ただし、ここで算出した相続税額が納付税額になるわけではありません。この段階で算出した各相続人の相続税額から税額控除（→158ページ）を引いた額が最終的な納付税額です。

各相続人の相続税額の計算

各相続人の相続税額
＝ 相続税の総額 × あん分割合

$$\text{あん分割合} = \frac{\text{相続人の相続した財産額}}{\text{全相続財産額}}$$

全相続財産額（3億円）

相続した財産額	あん分割合
相続人Aの相続した財産額（2億円）	相続人Aのあん分割合＝$\frac{2}{3}$
相続人Bの相続した財産額（1億円）	相続人Bのあん分割合＝$\frac{1}{3}$

例 全相続財産3億円、相続税総額6000万円で相続人Aが相続する財産2億円の場合の相続人Aの相続税額は?

相続人Aの相続税額

$$= 6000\text{万円} \times \frac{2\text{億円}}{3\text{億円}} = 4000\text{万円}$$

5 相続税の2割加算とは、なんだろう

配偶者と子、父母以外の相続人の税額は2割増になります

相続人・受遺者のなかに相続税額が2割加算になる人がいます。これを「相続税額の加算」と言います。2割加算の対象となるのは、次にあげる人以外の人です。

① 1親等の血族（子供、父母）［注※］
② 配偶者

［注※］子の代襲相続人を含み、養子となった直系卑属（孫養子など）を除く

つまり、**相続税が2割増になるのは、祖父母、兄弟姉妹、代襲相続人となっていない孫、全くの他人**、になります。被相続人と血縁関係が近い人と遠い人（もしくは血縁関係のない人）の相続税が同額なのは不自然だからです。

また、2割加算の対象には、被相続人の養子となった被相続人の孫、ひ孫（直系卑属、代襲相続人である者は除く）も含まれます。つまり、養子であっても、その養子が孫であれば2割加算になるのです。

相続税の2割加算

2割加算になる人

兄弟姉妹
祖父母

代襲相続人
ではない孫

血縁関係の
ない第三者

相続税額が2割増になる

算出した相続税額×1.2

養子でも、その養子が
孫であれば2割加算に
なるのです！

配偶者、子供、父母以外は
相続税は2割増になる

6 税額控除とは、いくらぐらいか？

最後に各相続人の税額から「税額控除」を引いて納付税額が決まります

税額控除を活用して、払う税額を減らそう

算出した各相続人の相続税額から税額控除を引いた額が最終的に納付税額になります。つまり、**税額控除分だけ払う相続税が安くなる**のです。相続税では次のように6つの税額控除がありますが、各相続人の個々の事情によって適用できるものが異なってきます。

相続税の税額控除は、①贈与税額控除、②配偶者の税額軽減、③未成年者控除、④障害者控除、⑤相次相続控除、⑥外国税額控除――の6つです。とくに、②配偶者の税額軽減を適用すれば、配偶者が相続税を払うことは、ほとんどなくなります。

贈与税額控除とは？

相続開始前3年以内の贈与財産（↓52ページ）には相続税が課税されます。しかし、贈与された時点で贈与税を納めている場合は二重に税金を払うことになってしまいます。そこで、相続税では**二重課税を防ぐために贈与税額控除というものがある**わけです。

税額控除と控除する順序

順序	控除	参照	適用
1	贈与税額控除	P.158参照	被相続人から生前3年以内に贈与があり、課税価格に加算された人に適用できる
2	配偶者の税額軽減	P.160参照	被相続人の配偶者に適用できる
3	未成年者控除	P.162参照	相続人が未成年のときに適用できる
4	障害者控除	P.162参照	相続人が心身障害者のときに適用できる
5	相次相続控除	P.162参照	前回の相続から10年以内に再度相続があったときに適用できる
6	外国税額控除	P.164参照	外国にある財産を相続したときに、外国で相続税を支払っていた場合に適用できる
7	相続時精算課税制度を選択したときの贈与税額控除		特別控除を超えて贈与した場合に生じる贈与税に適用できる

贈与税額控除の計算

贈与税額控除額＝

$$\text{贈与を受けた年の贈与税額} \times \frac{\text{相続税の課税価格に加算した贈与財産の金額}}{\text{贈与税の課税価格に加算した贈与財産の金額}}$$

贈与時に贈与税を納めていた場合、相続開始前3年以内の贈与財産であっても、相続税額からその贈与税額を引くことができ、次のように計算します（同一年中に一般税率と特例税率の両方の贈与を受けた場合には、一定の方法によりあん分計算が必要になります）。

贈与税額控除額＝贈与を受けた年分の贈与税額

×（相続税の課税価格に加算された金額÷贈与を受けた年分の贈与税の課税価格）

相続時精算課税制度を選択して払った贈与税（↓60ページ）も対象となります。

◇配偶者には「税額軽減」がある

配偶者は基本的に、法定相続分（↓72ページ）を超えて相続しない限り相続税を払うことはありません。配偶者の税額軽減を適用すれば、ほとんどの場合相続税額は0円です。

相続税では、配偶者は長年にわたり被相続人と一緒に生活してきていて、「被相続人の財産形成に貢献していること」「配偶者が亡くなったときに、もう一度相続が生じること」などから、**配偶者にはなるべく相続税を課税しない**ようにしています。

配偶者の税額軽減を適用すると、配偶者が取得する財産が、①法定相続分以内、もしくは、②法定相続分を超えていても1億6000万円以内なら相続税がかかりません。

配偶者の税額軽減額は次のように計算します。

配偶者の税額軽減＝相続税総額×（次の①②のいずれか少ない金額÷課税価格の合計）

① 課税価格の合計額×配偶者の法定相続分（法定相続分が1億6000万円に満たないときは1億6000万円）

② 配偶者の課税価格

配偶者の税額軽減

配偶者の税額軽減額

＝ 相続税額 × $\dfrac{\text{次の①②のいずれか少ないほう}}{\text{課税価格の合計}}$

① **配偶者の法定相続分相当額**
（ただし、1億6000万円に満たないときは1億6000万円）

② **配偶者の課税価格**

配偶者の課税価格が1億6000万円まで

もしくは

課税価格が1億6000万円を
超えても相続する財産が
法定相続分（通常は $\frac{1}{2}$）以内

↓

相続税はかからない

つまり、**配偶者が法定相続分以内の財産を相続する場合は無税で、たとえ法定相続分を超えて相続する場合も1億6000万円までは無税**ということです。

配偶者の税額軽減は婚姻期間に関係ありませんが、原則として申告期限後3年以内に分割が終了し、かつ、申告期限までに申告書が提出されている場合に限り適用されます。

◇未成年者控除とは？

相続人のうち20歳未満の者については、その者が20歳に達するまでの養育費を考慮して控除を認めています。

未成年者控除額＝10万円×（20歳－その者の年齢）

※（　）内に1年未満の端数があるときは切り上げて1年としてもいいことになっています。

◇障害者控除とは？

相続人のうち障害者については、福祉の増進のため控除を認めています。

障害者控除額＝10万円（特別障害者の場合20万円）×（85歳－その者の年齢）

◇相次相続控除とは？

10年以内に続けて相続があったときに、2回目の相続（第二次相続）で1回目に払った相

未成年者控除と障害者控除

未成年者控除

未成年者控除額 ＝ 10万円 ×（20歳－その人の年齢）

例

相続開始時の年齢……10歳3カ月

控除額 ＝ 10万円×(20歳－10歳3カ月)
＝ 10万円×9歳9カ月＝ 10万円×10歳
＝ 100万円

障害者控除

一般障害者

障害者控除額 ＝ 10万円 ×（85歳－その人の年齢）

特別障害者

障害者控除額 ＝ 20万円 ×（85歳－その人の年齢）

続税の一部を引くことができます。これが「相次相続控除」です。

相次相続控除額は、次のA～Eを左図の計算式に入れて計算します。

A＝被相続人が第一次相続の際、課せられた相続税額
B＝被相続人が第一次相続の際に相続した財産価額
C＝第二次相続の際、全員がもらった財産の合計額
D＝第二次相続の各相続人のもらった財産価額
E＝第一次相続から第二次相続までの年数

ただし、適用できるのは相続人に限定されています。

外国税額控除とは？

海外で相続税を払っていた場合、日本での相続税額から海外で納めた相続税額を控除できるのが「外国税額控除」です。

控除される金額は、これまでに説明した5つの相続税控除後の相続税額と、相続した外国財産のうち海外で相続税を課せられた一定の税額の、いずれか少ない金額です。

相次相続控除と外国税額控除

相次相続控除

相次相続控除額の計算式

$$A \times \frac{C}{B - A} \times \frac{D}{C} \times \frac{10 - E}{10}$$

※ $\frac{C}{B - A}$ が100/100を超えるときは100/100

A	第2次相続の被相続人が、第1次相続でもらった財産にかかった相続税額
B	第2次相続の被相続人が、第1次相続でもらった財産の価額
C	第2次相続の相続人・受遺者の全員がもらった財産の価額の合計額
D	相次相続控除の対象者である相続人が、第2次相続でもらった財産の価額
E	第1次相続から第2次相続までの経過年数（1年未満の端数は切り捨て）

外国税額控除

海外で払った相続税は日本の相続税額から引くことができます

7 相続税の計算をしてみよう

具体的に数字を入れて計算すると簡単です

ケース

相続人＝妻、長男、次男

各相続人の取得した遺産

妻　＝不動産８０００万円、現預金５０００万円、生命保険金６５００万円、
　葬式費用等マイナス６００万円

長男＝現預金６０００万円、株式２７００万円

次男＝現預金６０００万円、株式２７００万円

①　課税価格の合計を出す

妻　＝８０００万円（不動産）＋５０００万円（現預金）＋５０００万円（非課税限度額
　を引いた後の生命保険金）－６００万円（葬式費用等）＝１億７４００万円

長男＝６０００万円（現預金）＋２７００万円（株式）＝８７００万円

次男＝6000万円（現預金）＋2700万円（株式）＝8700万円
合計＝1億7400万円＋8700万円＋8700万円＝3億4800万円

②　課税価格の合計から基礎控除額を引く
基礎控除額＝3000万円＋600万円×3（法定相続人の数）＝4800万円
課税遺産総額＝3億4800万円－4800万円（基礎控除額）＝3億円

③　法定相続分に応ずる取得額を計算する
妻　＝3億円×2分の1＝1億5000万円
長男＝3億円×2分の1×2分の1＝7500万円
次男＝3億円×2分の1×2分の1＝7500万円

④　相続税の総額を計算する
妻　＝1億5000万円×40％－1700万円＝4300万円
長男＝7500万円×30％－700万円＝1550万円
次男＝7500万円×30％－700万円＝1550万円
相続税の総額＝7400万円

⑤　あん分割合を計算する

妻　＝1億7400万円÷3億4800万円×100＝50％
長男＝8700万円÷3億4800万円×100＝25％
次男＝8700万円÷3億4800万円×100＝25％

⑥　**各相続人ごとの相続税額**

妻　＝7400万円×50％＝3700万円
長男＝7400万円×25％＝1850万円
次男＝7400万円×25％＝1850万円

⑦　**税額控除を適用する**

この場合は、配偶者の税額軽減（↓160ページ）が適用できる
配偶者の税額軽減額＝7400万円（相続税の総額）×1億7400万円（妻の取得額）
÷3億4800万円（課税価格の合計）＝3700万円

⑧　**納付税額**

妻の納付税額　＝3700万円－3700万円（配偶者の税額軽減）＝0円

長男の納付税額＝１８５０万円
次男の納付税額＝１８５０万円

こういうステップで納税額を計算していくわけです。むずかしく思えるかもしれませんが、速算表などを使えば簡単にできます。

相続税の速算表

相続税の速算表

法定相続人の取得金額	税率	控除額
1000万円以下	10%	—
3000万円以下	15%	50万円
5000万円以下	20%	200万円
1億円以下	30%	700万円
2億円以下	40%	1700万円
3億円以下	45%	2700万円
6億円以下	50%	4200万円
6億円超	55%	7200万円

各相続人ごとの取得金額

×

税率

－

控除額

＝

相続税の税額

8 贈与税の計算方法は、どうするのか?

1年間に受贈した財産価額の合計額が基本になります

何度か触れてきたとおり、暦年課税贈与による贈与税の税率構造は、平成27年以後の贈与より大幅に緩和されています。

また、**直系尊属から成年への贈与（特例税率）とそれ以外の贈与（一般税率）の税率構造が明確に区分され、前者の贈与税の負担が軽減された**ことも大きな特徴となっています。

その暦年課税による贈与税の計算ですが、1年間（1月1日から12月31日）にもらった財産の評価額の合計額（課税価格）から基礎控除額の110万円（↓56ページ）を引き、その残額に贈与税の税率（左ページの速算表参照）を掛け、さらに控除額を差し引いた額が納税額です。

すなわち、「暦年課税の贈与税額＝（贈与財産の評価額の合計額－110万円）×税率－控除額」という算式であらわすことができます。

たとえば、成年である受贈者が1年間に父親から現金300万円、祖父から時価500万

贈与税の速算表

暦年贈与に係る贈与税の速算表Ⅰ
(20歳以上の者が直系尊属から贈与を受けた財産に係るもの)

基礎控除後の課税価格	税率	控除額
200万円以下	10%	—
400万円以下	15%	10万円
600万円以下	20%	30万円
1000万円以下	30%	90万円
1500万円以下	40%	190万円
3000万円以下	45%	265万円
4500万円以下	50%	415万円
4500万円超	55%	640万円

暦年贈与に係る贈与税の速算表Ⅱ (上記以外の贈与財産に係るもの)

基礎控除後の課税価格	税率	控除額
200万円以下	10%	—
300万円以下	15%	10万円
400万円以下	20%	25万円
600万円以下	30%	65万円
1000万円以下	40%	125万円
1500万円以下	45%	175万円
3000万円以下	50%	250万円
3000万円超	55%	400万円

相続時精算課税制度に係る贈与税の速算表

特別控除後の課税価格	税率	控除額
一律	20%	—

※特別控除＝贈与者ごとに2500万円

円の有価証券をもらった場合は、いずれも直系尊属のため、

（300万円＋500万円－110万円）×30％－90万円＝117万円

となり、117万円の贈与税を支払うことになります。

また、相続時精算課税（→60ページ）の場合、特別控除額の2500万円を超えた部分につき、一律20％の税率で贈与税が課税されます。

第5章

トラブルを防ぐ遺言書の「書き方・残し方」は？

遺言書に書くこと、
発見した場合の対処法や
相続分について知っておこう

1 遺言書がある場合は、どうするか？

「相続争い」を避けたければ、遺言書は残すべきです

遺言書がある場合は、基本的には遺言書どおりに遺産分割することになります。つまり、**「遺言書のなかで指定された人」**が**「指定された財産」を相続する**のです。たとえば「妻に自宅、長男に株式を相続させる」と遺言書に書いてあれば、そのとおりに遺産を分割します。

遺言書は、死亡した人の意思なので何よりも優先されます。なぜなら、日本では処分方法などの財産に関するすべての権限は所有者が持っており、それは生前も死後も変わらないと考えられているからです。

遺言書がある場合、遺留分（↓82ページ）を侵していなければ、遺言書どおりに遺産を分割します。遺言書は何よりも優先され、「相続争い」の原因となる相続人同士の話し合いの余地がなくなるので、争いが生じる可能性も低くなります。また、**財産をあげたい人が決まっていたり、それに伴う相続争いを防ぎたいというときも遺言書は役に立ちます。**

遺言書があると……

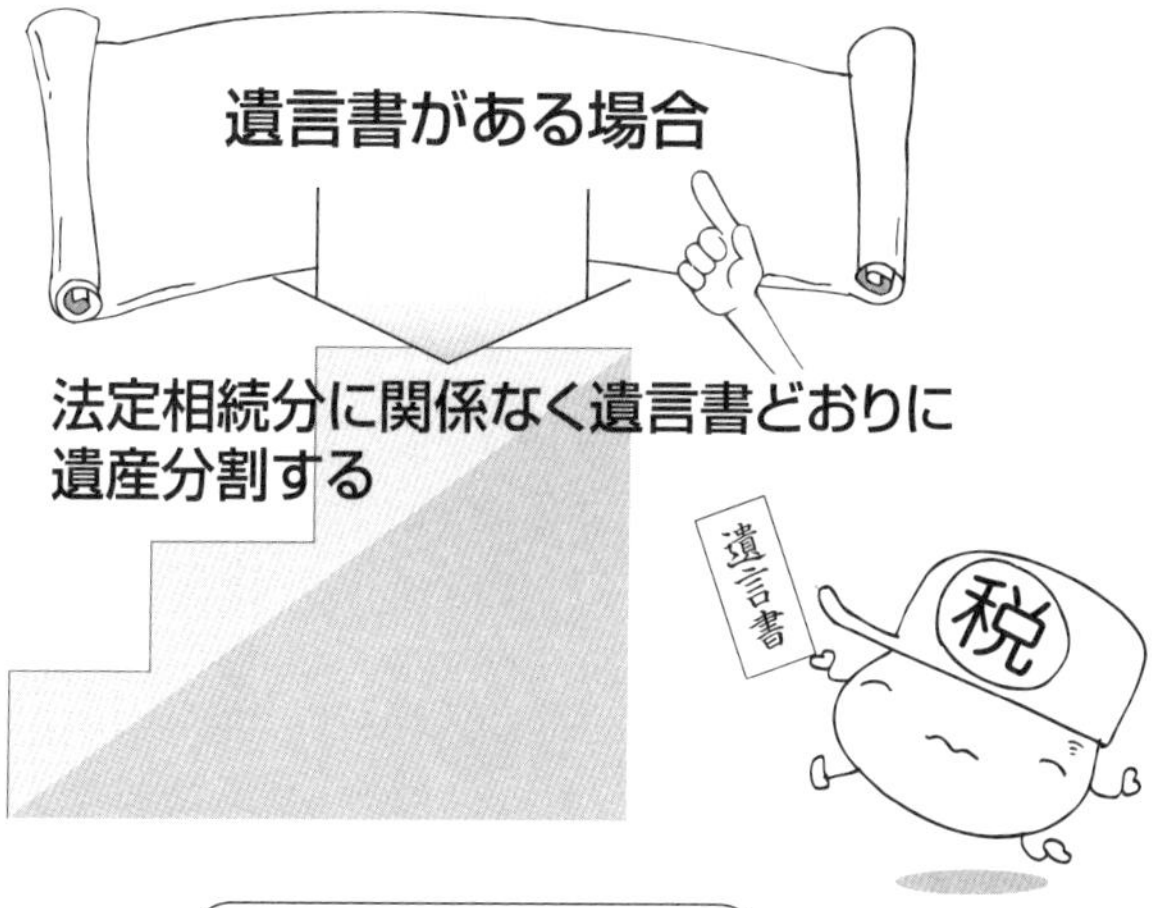
遺言書がある場合
法定相続分に関係なく遺言書どおりに遺産分割する
遺言書
税

遺言書に書けること

①子の認知
②遺言執行者の指定
③遺贈
④後見人・後見監督人の指定
⑤相続人の廃除 （☞ P.86参照）
⑥相続分の指定
⑦遺産分割方法の指定
⑧遺産分割の禁止（5年間禁止可）
⑨相続人相互の担保責任の指定
⑩遺贈に関する遺留分減殺方法の指定

遺言は15歳以上で可能

2 遺言書にはどんな種類があるのか？

遺言書は、正式な手順で作成、保存されたものでないと無効です

遺言書は、適当に紙に書いて残しても無意味になります。**正式な手順で作成、保存されたものでないと無効**なのです。

遺言書は、大きく分けると普通方式と特別方式に分けられますが、一般的に使われるのは普通方式です。特別方式は、遭難した船の中で死亡の危急が迫ったときや伝染病のときなどに使われる方式になります。

さらに、**普通方式の遺言書には、①自筆証書遺言、②公正証書遺言、③秘密証書遺言——の3種類があります**。これらは作成方法と保存方法の違いです。

これらのなかで、一般的には検認が不要なことなどから、公正証書遺言とするのが安全で確実と言われています。私は、検認の手続きが煩雑であることを承知のうえで、あえて秘密証書遺言をお勧めしています。一貫して信頼できる専門家に依頼すれば、作成手続きから保管、検認、執行に至るまで、大きなストレスもなく、スムーズに事が運ぶからです。

普通方式の遺言書の種類

	自筆証書遺言	公正証書遺言	秘密証書遺言
作成方法	本人が遺言の全文・日付(年月日)・氏名等を書き押印(認印可)する。 ただし、ワープロ・テープは不可。 添付する財産目録等はワープロ可。	本人が口述し、公証人が筆記する。	本人が遺言書に署名押印の後、遺言書を封じ同じ印で封印する。公証人の前で本人が住所氏名を記す。公証人が日付と本人が述べた内容を書く。 ただし、ワープロ、代筆可。
場所	自由	公証役場	公証役場
証人	不要	証人2人以上	証人2人以上
署名押印	本人	本人、公証人、証人	本人、公証人、証人
家庭裁判所の検認	必要	不要	必要

相続争いを防ぐには、あえて秘密証書遺言にしたほうがスムーズです

3 遺言書作成のポイントは？

遺言書の作成方法には、いろいろあります

自筆証書遺言、公正証書遺言、秘密証書遺言を作成するには

それでは、それぞれの遺言書の作成方法を見ていきましょう。

① 自筆証書遺言

自筆証書遺言は、遺言書を残す者が遺言書の全文・日付・氏名を自分で書き、印を押すことによって作成します。**他人の代筆やワープロは無効です。**
ただし、遺言書に添付する相続財産の目録については、パソコンで作成した目録や預金通帳のコピーなど、自筆によらない書面の添付ができます。

自筆証書遺言のメリットは、その存在・内容を秘密にでき、作成時に費用もかからず簡単にできる点です。しかし、遺言書の滅失、他人による偽造・変造の恐れがあるというデメリットがあるのでなるべく避けたほうがいいでしょう。

また令和2年7月からは、法務局で自筆証書による遺言書を保管する制度も創設されます（↓180ページ）。

② 公正証書遺言

公正証書遺言は、公証役場（公証人役場とも言う）で公正証書として作成します。**2人以上の証人に立ち会ってもらい、遺言者が遺言の内容を公証人に口頭で伝えます**。次に、公証人が筆記したものを遺言者と証人に承認してもらい、署名押印してもらいます。

公正証書遺言は、原本が原則として20年間公証役場に保管され、遺言者には正本と謄本が渡されます。

公正証書遺言のメリットは、その存在・内容が明らかなため、滅失、隠匿、偽造・変造の恐れがなく、また、検認手続きの必要もなく簡単に執行できる点です。ただし作成時に手間と費用がかかり、内容の秘密が守られないというデメリットがあります。

なお、公証役場は、各都道府県の地方法務局登記所（↓巻末用語解説）に属しています。問い合わせて近所の公証役場を見つけてください。

③ 秘密証書遺言

秘密証書遺言は、封印した遺言を公証役場に持参し、その遺言の存在のみを公証してもらう遺言です。

秘密証書遺言では、署名押印や封印は自分でしなければなりませんが、内容の自署は要件とされていないので、ワープロなどを使っても、代筆してもらってもかまいません。

秘密証書遺言のメリットは、記載内容の自由度が高く、内容の秘密が守られながら滅失・偽造・変造などの恐れがないという点です。検認手続きが必要となりますが、費用も安く総合的に見て最も魅力的な方法と言えます。

◇自筆証書遺言が法務局で保管できるようになる

3種類の遺言書のうち、最も作成が簡単で手を着けやすいのは自筆証書遺言でしょう。

しかし、自筆証書遺言は自宅で保管することが多いため、紛失したり、誤って捨てたりする問題があります。最悪の場合、悪意のある相続人に見つけられて、書き換えられたりする恐れもなくはありません。

そこで**令和2年7月より、法務局で自筆証書遺言を保管する制度が創設されます**。作成者が申請すると、法務局の遺言書保管所に原本が保管され、遺言書の画像データ化も行なわれるしくみです。

相続人は相続開始後に、遺言書保管の有無の確認や、保管してあれば証明書の請求、さらに遺言書の閲覧もできます。相続人の一人が閲覧などをすると、他の相続人に遺言書が保管されていることが通知されるしくみなので、一人に抜け駆けされる心配もありません。

次項で説明する裁判所の検認も、法務局に保管されている遺言書については不要です。

法務局に自筆証書遺言の保管を申請すると

（令和2年7月より）

保管を申請

↓

法務局（遺言書保管所）

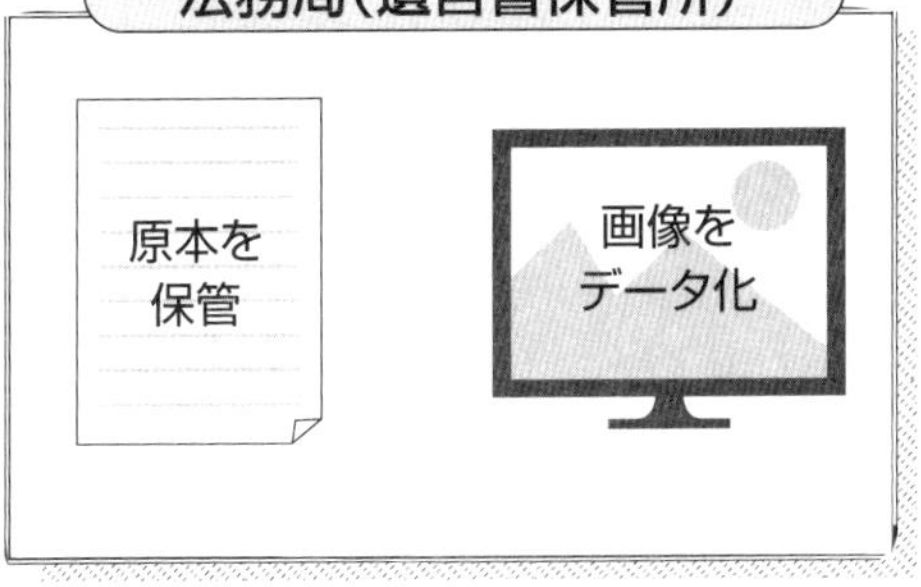

↓

相続開始後

相続人は

- 遺言書保管の有無を確認できる
- 遺言書の証明書の請求ができる
- 遺言書の閲覧ができる

相続人の一人がそれをすると

- 他の相続人に遺言書が保管されていることが通知される

遺　言　書

遺言者山田太郎は次のとおり遺言する。
一、妻　山田花子には次の物件を相続させる。
1、東京都○○区○○町○丁目○番地○号
宅地二百平方メートル
2、同所同番地所在
家屋番号二番
木造瓦葺二階建て居宅一棟
床面積　一階五十平方メートル
二階五十平方メートル
3、○○銀行○○支店の遺言者名義の普通預金
口座番号○○○○○○○○○○
二、長男　山田一郎には次の物件を相続させる。
1、○○株式会社の株券　五千株
三、遺言者は執行者を左のとおり指定する。
東京都○○区○○町○丁目○番地○号
鈴木　一郎

ポイント

- 財産目録以外を自筆します
- 氏名の下に必ず押印します
- 不動産の表記は登記簿謄本に記載されているものを写します
- 日付は年月日をきちんと記入します

自筆証書遺言の例

右遺言のため、遺言者自らこの証書の全文を書き日付および氏名を自書し、自ら押印した。
令和○年○月○日
東京都○○区○○町○丁目○番地○号
遺言者山田太郎　印

令和○年第○○号

遺言公正証書

本職は、遺言者山田太郎の嘱託により、証人○○、証人○○の立会いのうえ、左の遺言の趣旨の口述を筆記し、これを証書に作成する。遺言者は遺言者が所有する財産を次のとおり相続させる。

一、妻　山田花子には次の物件を相続させる。

1、東京都○○区○○町○丁目○番地○号
宅地二百平方メートル

2、同所同番地所在
家屋番号二番
木造瓦葺二階建て居宅一棟
床面積　一階五十平方メートル
二階五十平方メートル

3、○○銀行○○支店の遺言者名義の普通預金
口座番号○○○○○○○○○○

二、長男　山田一郎には次の物件を相続させる。

1、○○株式会社の株券　五千株

三、この遺言の執行者を左のとおり指定する。
東京都○○区○○町○丁目○番地○号
鈴木　一郎

本旨外用件
東京都○○区○○町○丁目○番地○号
遺言者　山田太郎
昭和○年○月○日生

公正証書遺言の例

右は本職氏名を知らず面識がないので、法定の印鑑証明書をもって本人に間違いないことを証明させた。

東京都○○区○○町○丁目○番地○号
証人　○○○○

東京都○○区○○町○丁目○番地○号
証人　○○○○

右遺言者および証人に読み聞かせたところ、各自筆記の正確なことを承認し、左にそれぞれ署名押印する。

遺言者　山田太郎㊞

証人　○○○○㊞

証人　○○○○㊞

この証書は民法第九六九条第一号乃至第四号の方式により作成し、同条第五号に基づき本職が左に署名押印する。

令和○年○月○日

本公証役場において
東京都○○区○○町○丁目○番地○号
東京法務局所属
公証人　○○○○

遺言書

遺言者山田太郎は次のとおり遺言する。

一、妻　山田花子には次の物件を相続させる。

1、東京都○○区○○町○丁目○番地○号
宅地二百平方メートル

2、同所同番地所在
家屋番号二番
木造瓦葺二階建て居宅一棟
床面積　一階五十平方メートル
二階五十平方メートル

3、○○銀行○○支店の遺言者名義の普通預金
口座番号○○○○○○○○○○

二、長男　山田一郎には次の物件を相続させる。

1、○○株式会社の株券　五千株

令和○年○月○日
東京都○○区○○町○丁目○番地○号
遺言者山田太郎　㊞

これが封書の中身で、公証人にも
見せないで済みます

秘密証書遺言の例

令和〇年第〇〇号
秘密遺言証書
遺言者山田太郎は本職、証人〇〇、証人〇〇の面前に封書を提出し、これは自己の遺言書であって、自己がこれを筆記したことを申述した。
令和〇年〇月〇日　本公証役場において
東京都〇〇区〇〇町〇丁目〇番地〇号
東京法務局所属
公証人　〇〇〇〇 ㊞
東京都〇〇区〇〇町〇丁目〇番地〇号
遺言者　山田太郎
右は本職氏名を知らず面識がないので、法定の印鑑証明書をもって本人に間違いないことを証明させた。
東京都〇〇区〇〇町〇丁目〇番地〇号
証人　〇〇〇〇 ㊞
東京都〇〇区〇〇町〇丁目〇番地〇号
証人　〇〇〇〇 ㊞

4 遺言書を見つけたら、どうすればいいか？

遺言書を発見しても、すぐに読んではいけません

被相続人が、遺言書を残して死亡した場合はどうすればいいのでしょうか。

遺言書の発見者は、すぐに遺言書を開封してはいけません。**遺言書を発見した者または保管している者は、遺言書を家庭裁判所に持っていき「検認」してもらう必要があります。**

ただし、公正証言遺言は、遺言書の原本が公証役場に保管してあるので検認の必要はありません。

「検認」とは、その遺言書の偽造や変造を防ぐために、遺言書がどんな紙に書かれているかなどを調べて遺言書の存在を確認することです。遺言書の証拠保全手続きのようなものなので、内容が有効か無効かを問うものではありません。

ですから、**正式な遺言の形式に合致していない遺言書であっても、検認を受ける必要があります。**

また、封のある遺言書は、家庭裁判所で相続人またはその代理人の立会いのもとでなければ

遺言書を見つけたら……

公正証書遺言以外の遺言書の場合

……………………家庭裁判所に「検認」の請求をする

遺言書が封印されていた場合

………………家庭裁判所で開封をする

新しい遺言書が見つかった
場合も家庭裁判所へ！

遺言書を見つけても勝手に開封してはいけない

ば開封することができません。

ただし、家庭裁判所が相続人全員に呼び出しを行なえば、開封する日に他の相続人が誰も立ち会わなくても開封できます。

第6章 相続・贈与の段取り、手続きを知っておこう！

相続・贈与が発生してからの
具体的なスケジュール・各種手続きの
進め方は？

1 相続税申告までのスケジュールは？

相続税を申告するまでに、やることはたくさんあります

相続税の申告期限は「相続の開始（死亡など）があったことを知った日の翌日から10カ月以内」です。「10カ月もあるの？」と思われるかもしれませんが、この間に遺族の方々がやらなければならないことは、想像以上に多くあります。

被相続人が死亡して相続が発生したらせいぜい2～3日以内に、親戚や知人等への連絡、死亡届の提出、通夜・葬儀・告別式を行なわなければなりません。

そして、**告別式の後からが本格的な相続の手続きなどになります。**

まず最初に、遺言書（↓第5章）の有無を確認します。遺言書がある場合は遺言書どおりに遺産分割します。遺言書がない場合は遺産分割協議（↓92ページ）のうえ、合意した内容を遺産分割協議書（↓196ページ）に書いて残すことが必要です。

もし遺産のなかで財産よりも借金のほうが多い場合には、3カ月以内に「相続の放棄」（↓90ページ）をする必要があります。

相続税申告までのスケジュール

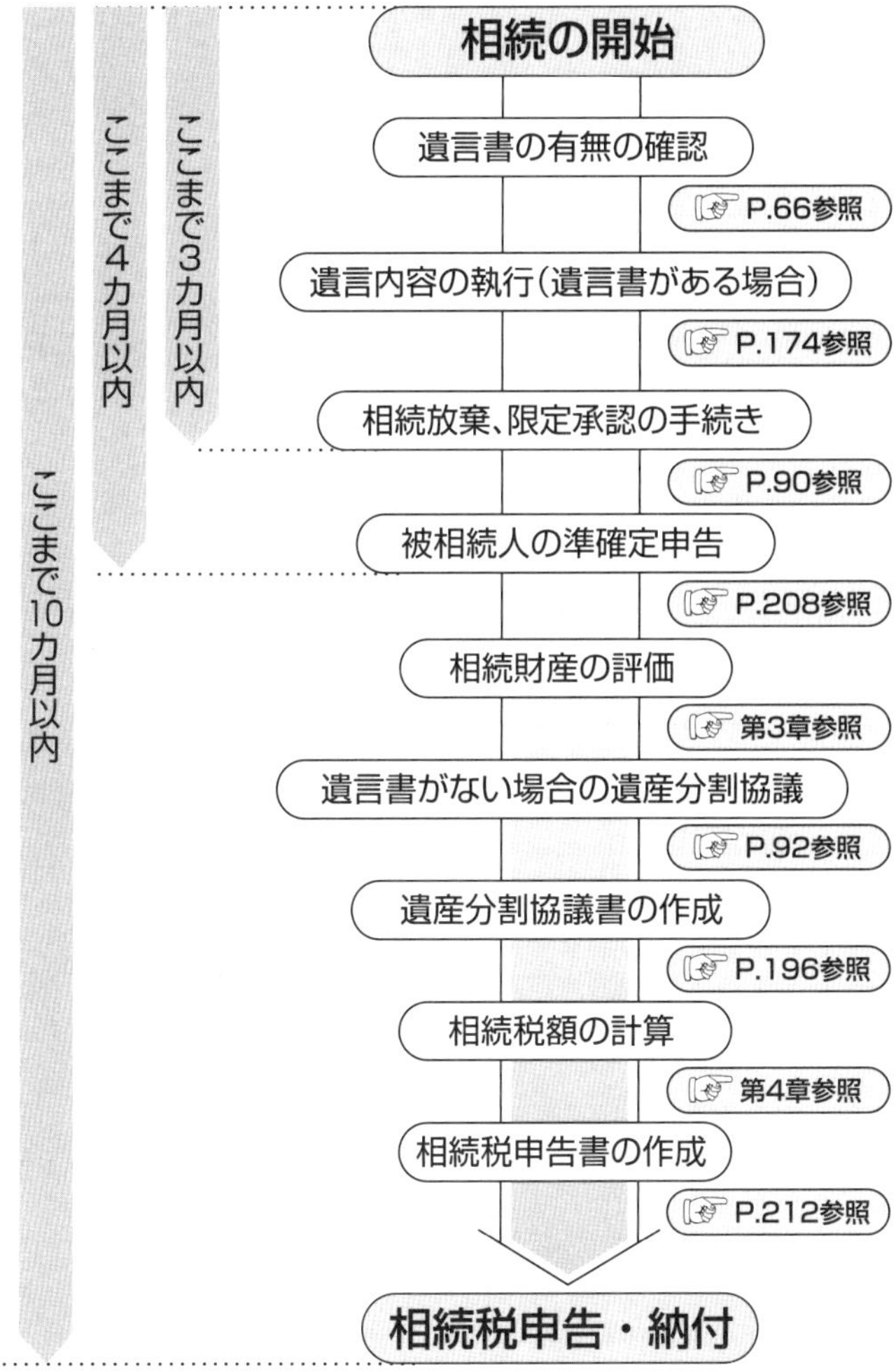
相続の開始
遺言書の有無の確認
P.66参照
遺言内容の執行（遺言書がある場合）
P.174参照
相続放棄、限定承認の手続き
P.90参照
被相続人の準確定申告
P.208参照
相続財産の評価
第3章参照
遺言書がない場合の遺産分割協議
P.92参照
遺産分割協議書の作成
P.196参照
相続税額の計算
第4章参照
相続税申告書の作成
P.212参照
相続税申告・納付
ここまで3カ月以内
ここまで4カ月以内
ここまで10カ月以内

2 遺産分割協議の進め方のポイントは？

他の相続人の意見を聞く姿勢を持ちましょう

長男長女など、遺産分割協議で中心的役割を果たす**相続人（同居者の場合が多い）は、他の相続人に協議の進め方を聞くことから始めます**。いきなり分割案を提示したりせずに、誠実な態度でお願いをする姿勢が大切です。進め方のポイントは次のようになります。

① 中心的役割を果たす相続人は、葬儀が一段落し、お世話になった人へのお礼が済んだら、すべての相続人に会います。全員と一緒に会ってもいいですし、別々に会ってもいいでしょう。主張したい人がいる場合には、別々に会ったほうが無難です。

② このとき遺産分割協議の出席者や進め方について意見を聞きます。

③ 一方で税理士ともコンタクトをとり、方向性について話し合います。

④ 相続人全員に集まってもらい、税理士の作成した遺産分割についての叩き台を提出します。スムーズな場合は、その場で全員の意見を話してもらいます。もし問題がある場合には、一人ひとり税理士と話し合ってもらいましょう。

遺産分割協議のポイント

① 中心的な相続人は、すべての相続人に会う

② 「すべての相続人」の意見を聞く

③ 税理士と方向性を決める

④ 遺産分割の叩き台をつくる

相（すがた）を
続けるというのが
相続の本質です。
問題がある場合は
一人ひとり税理士と
話し合ってもらう

3 遺産分割協議書の作成方法は？

後日の争いを防ぐためにも遺産分割協議書は作成しましょう

相続人同士の話し合いである遺産分割協議の結果、どのように遺産分割するか合意したら「遺産分割協議書」を作成することになります。**遺産分割協議書は、合意内容を明確にして後日の争いを防ぐためにも作成しましょう**。また、**遺産分割協議書は、不動産の相続登記などの名義変更**（↓198ページ）**や銀行預金の払い戻しのときにも必要**となります。

遺産分割協議書は相続人の人数分作成し、各相続人が署名・押印し、**相続人全員の実印の印鑑証明書**を添付したものを各相続人が1通ずつ保管します。つまり、各相続人は相続人の人数分の遺産分割協議書に署名・押印し、印鑑証明書を用意することが必要です。

遺産分割協議書には、「誰が、何を、どれくらい相続するのか」を書きます。また、協議後に新たな相続財産が見つかった場合のことも書いておくと、後日の争いを防げます。

書式は自由ですが、相続財産の記載に際してはなるべく具体的に記載します。とくに、不動産は登記簿謄本の記載をそのまま書きましょう。

遺産分割協議書の例

遺産分割協議書

被相続人山田太郎の遺産については、同人の相続人の全員において分割協議を行なった結果、各相続人がそれぞれ次のとおり遺産を分割し、取得することに決定した。

一、相続人山田花子が取得する財産

(1) 東京都○○区○○町○丁目○番地○号
宅地二百平方メートル

(2) 同所同番地所在　家屋番号二番
木造瓦葺二階建て居宅一棟
床面積　一階五十平方メートル
二階五十平方メートル

(3) ○○銀行○○支店の遺言者名義の普通預金
口座番号○○○○○○○○○

二、相続人山田一郎が取得する財産

(1) ○○株式会社の株券　五千株

(2) 現金壱百万円

三、相続人山田二郎が取得する財産

(1) ○○銀行○○支店の遺言者名義の普通預金
口座番号○○○○○○○○○

(2) ○○株式会社の株券　三千株

本協議書に記載なき資産および後日判明した遺産については、山田一郎がすべてこれを取得する。

右のとおり相続人全員による遺産分割の協議が成立したので、これを証するため本書を作成し、左に各自署名押印する。

令和○年○月○日

東京都○○区○○町○丁目○番地○号　山田花子

東京都○○区○○町○丁目○番地○号　山田一郎

東京都○○区○○町○丁目○番地○号　山田二郎

作成にあたっての注意点

- 誰が何をどれだけ相続するか明記する
- 不動産は登記簿謄本の記載をそのまま書く
- 協議後に新たな財産が見つかった場合のことも決まっていれば書いておく
- 相続人全員が署名、押印し、実印の印鑑証明書のついたものを各相続人が1通ずつ保管する

4 名義変更と生命保険金の請求方法は？

名義変更しなければ相続・贈与したことになりません

名義変更しなければ財産を処分できない

遺産分割協議の結果、誰がどの財産を相続するか決まったとしても、不動産、銀行預金、株式などの財産は、名義変更しなければその財産の所有権は相続人に移りません。

名義変更しなくても法律違反にはなりませんが、名義変更しなければ財産を処分したりできなくなります。

名義変更の方法はそれぞれの財産によって異なる

名義変更の方法は、それぞれの財産によって異なりますが、**不動産なら登記所（地方法務局）に、株式なら証券会社に、車なら陸運局に各種書類を提出する**ことになります。

銀行預金については、相続人全員による手続きが原則ですが、遺産分割前でも一定割合の払戻しは受けられるようになりました。仮払いの必要性があると認められれば、他の相続人の利益を害さない限り、家庭裁判所の判断で仮払いも認められます。

手順は前後しますが、被相続人に生命保険がかけられていた場合は、保険契約で指定された受取人が保険会社に請求し、各社所定の書類を提出します（この手続きは遺産分割よりも前に行なうことになります）。指定された受取人が複数いるときは、代表者が手続きします。

名義変更方法と生命保険金請求方法

名義変更

不動産……地方法務局で所有権移転登記をする

株式………証券会社に問い合わせて各種書類を提出する

車…………陸運局に問い合わせて各種書類を提出する

銀行預金…各銀行に問い合わせて各種書類を提出する

生命保険金の請求

受取人に指定された人が
各種書類を用意して
保険会社に請求する

5 手続きに必要な書類を入手するには？

コンビニなどで入手できるものもあるので調べてみましょう

名義変更などには戸籍謄本等が必要になる

名義変更の手続きなどでは、戸籍謄本など相当の量の書類の添付が必要になることがあります。主に左の図のようなものですが、すべて役所の窓口などに出向かなくても、一部は郵送による交付の請求や、コンビニで交付を受けることも可能です。

ただし、印鑑登録証明書など郵送不可のものもあるので、あらかじめ調べておきましょう。

大量に必要なら「法定相続情報証明制度」の利用も考える

とくに戸籍謄本等は、名義変更の手続きごとに必要とされて大量に用意しなければならないことがあります。そのような場合は、「法定相続情報証明制度」の利用を検討するとよいでしょう。

この制度を利用すると**「法定相続情報一覧図」というものの写しが無料で交付され、戸籍謄本等の代わりに手続きに利用できます。**

相続の各種手続きで必要になる主な書類

届出書・申請書の用紙	戸籍謄本	住民票	印鑑登録証明書

戸籍関係ではこんな書類も

戸籍謄本	戸籍抄本	除籍謄本	改製原戸籍謄本
戸籍に記載されている全員分の証明書。「戸籍全部事項証明書」という	戸籍に記載されている一部の人の証明書。「戸籍個人事項証明書」という	戸籍に記載されていた全員が死亡や結婚によって戸籍からはずれたものの写し	昭和と平成に行なわれた戸籍のつくり換え前の戸籍の写し

入手方法は

書類や自治体にもよるが、役所の窓口のほか、インターネットや郵送、コンビニで入手できる場合も

戸籍謄本等は

「法定相続情報証明制度」の利用も可能

6 相続税申告書はいつ、どこに提出するか？

相続税の申告書は、10カ月以内に被相続人の所轄税務署に提出します

申告書は相続開始10カ月以内に、被相続人の住所地の税務署に提出する

相続税の申告期限は、「相続開始を知った日の翌日から10カ月以内」となっています。つまり、被相続人の死亡した日の翌日から10カ月以内です。

相続税の申告書の提出先は、被相続人が死亡したときの住所地を所轄する税務署になります。相続人の住所地は関係ありません。たとえば、相続人が北海道や大阪に住んでいたとしても、被相続人の住所地が東京にあった場合は相続人全員が東京で申告します。

相続税が0円のときでも申告しなければならない場合がある

相続財産の金額が基礎控除額（↓42ページ）を下回る場合には、相続税の申告は必要ありません。ただし、配偶者の税額軽減など各種の税額控除（↓158ページ）や小規模宅地等の評価減の特例（↓116ページ）の結果、相続税が0円になった場合は申告が必要です。

これらの税額控除や特例は、申告することで初めて適用になるので注意しましょう。

相続税申告書の提出期限と申告書提出先

申告書の提出先は？

被相続人の住所地の税務署

↑

相続人の住所地は関係ない

申告書の提出期限は？

相続開始を知った日の翌日から10カ月以内

つまり

被相続人が死亡した日の翌日から10カ月以内

税額控除や特例などは申告することで初めて適用になります

7 延納するには、どうすればいいのか？

延納するには一定の条件を満たす必要があります

「延納」は、相続税を期限内に金銭で一括納付できない場合に、相続税を分割して払う方法です。**たとえば、払うべき相続税5000万円を延納する場合は、毎年1000万円ずつ5回に分けて払います。**延納期間は原則5年ですが、相続財産に占める不動産の割合が大きい場合は最高20年まで認められます。

ただし、延納は一定の条件を満たした場合にのみ認められるので、どんな場合でも延納できるというわけではありません。延納が認められるための条件は左ページのとおりです。

延納をする場合、利子税が加算されるほか担保の提供も必要になってきます。利子税は短期貸出約定平均金利（↓巻末用語解説）に応じて変動しますが、金利が低いときには銀行などから借り入れして一括納付したほうが有利になる場合もあります。

なお、延納を認めてもらうには、相続税の申告期限内（相続開始を知った日の翌日から10カ月以内）に延納申請書を提出して税務署長の許可を受けることが必要です。

延納が認められるための条件

- 納めるべき相続税額が10万円を超える
- 期限内に金銭で納めることが困難な理由がある
- 担保を提供できる
- 期限内までに延納申請書を提出する

担保にできるもの

公社債、土地、建物
（相続財産でなくてもよい）
税務署長が認める保証人の保証

延納するためには条件を満たす必要がある

8 物納するには、どうすればいいか？

物納できる財産は決まっています

「物納」は、延納（→204ページ）でも相続税を払うことができない場合に、金銭ではなく不動産など特定の相続財産で納付する方法です。

物納が認められるには左ページのような条件を満たす必要があります。

現在では物納対象外の財産が明文化され、物納の許可基準が明確になっています。ですから抵当権が設定されている不動産など、物納不適格財産は申請しても却下されます。

また、市街化調整区域内の土地など、物納劣後財産とされるものもあり、これらはその他に物納適格財産があるときは却下されることになっています。

なお、**物納申請後に延納が可能になった場合は、一定の条件を満たせば延納に変更することはできます。**しかし、逆に延納申請後に延納を物納へ変更することは、資力の状況の変化などがない限りできません。

物納が認められるための条件

- 延納でも金銭で納められない理由がある
- 金銭で納付することが困難な金額である
- 物納できる相続財産がある
- 期限内までに物納申請書を提出する

物納できない、しにくい財産

物納不適格財産

○抵当権が設定されている不動産
○境界が不明確な土地　等

物納劣後財産

○市街化調整区域内の土地
○接道条件を充足していない土地　等

物納対象外の財産に明記されていなければ物納ができます

9 被相続人の所得税は、どうするのか？

被相続人が死亡した年の所得は、相続人が確定申告します

被相続人の死亡した年に所得があった場合、相続人が被相続人に代わって所得税の確定申告をします。これを「準確定申告」と言います。

本来、**被相続人が次の年に申告しなければならない所得税は、相続人が申告しなければならない**のです。相続人が2人以上いる場合は、確定申告書に「死亡した者の○年分の所得税及び復興特別所得税の確定申告書付表」を添付して提出することも必要です。

もちろん、準確定申告で払った金額は被相続人の未納税金なので、被相続人の相続財産から引くことができます。

申告期限は、相続を知った日の翌日から4カ月以内となっています。たとえば4月1日に死亡した場合は、その4カ月後の8月1日までに申告が必要です。

なお、被相続人が1カ所からの給与所得しかないとき（会社員など）は、会社などで一種の年末調整をしてくれるので準確定申告は不要になります。

準確定申告とは?

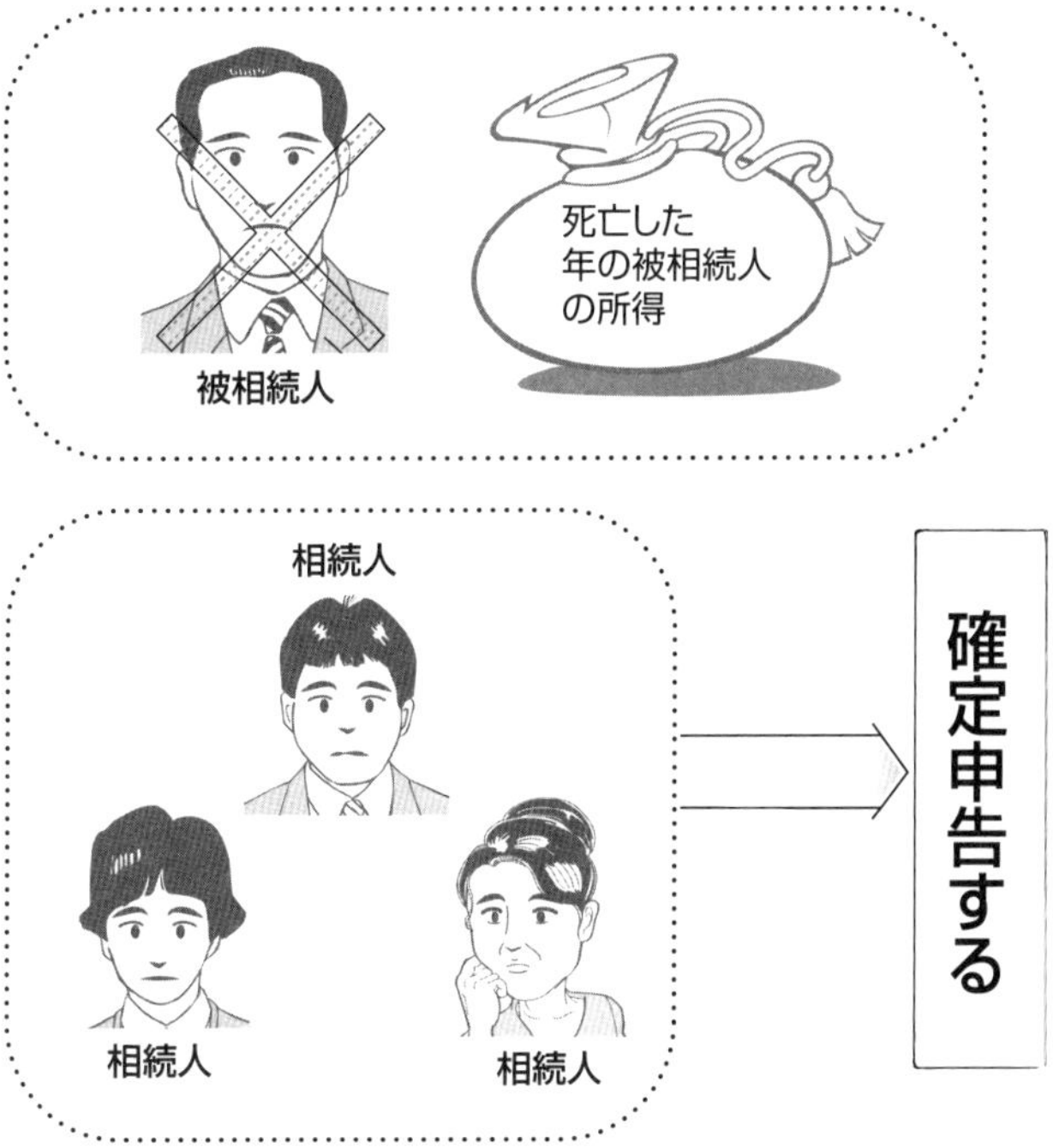

被相続人が死亡した年に
所得があったら……

被相続人の代わりに確定申告する必要がある

10 申告期限までに遺産分割できない場合には？

期限内に法定相続分で分割したと仮定して、とりあえず払っておきます

相続税の申告書の提出期限は、相続の開始の翌日から10カ月以内です。一方、遺産分割は法律上いつまでに行なわなければいけない、ということは決まっていません。ですから、相続人同士で納得がいかなければ、いつまでも話し合いを続けることはできます。しかし、**相続税の納付金額が決まるのは遺産分割後になるので、申告書の提出期限までに遺産分割ができていないと相続税を払うことができません。**

このような場合は、とりあえず法定相続分（↓72ページ）どおり相続したものとして各相続人が相続税を払います。そして、遺産分割がまとまった後に、修正申告・更正の請求（税額を正してもらう手続き）を行ない相続税を改めて納付します。

とはいえ、10カ月以内に遺産分割がまとまらないと、その後もまとまらない可能性は高いのが現実です。**申告書の提出期限までに遺産分割しないと、配偶者の税額軽減や小規模宅地等の特例も受けられなくなってしまう**ので、早めにまとまるよう心がけましょう。

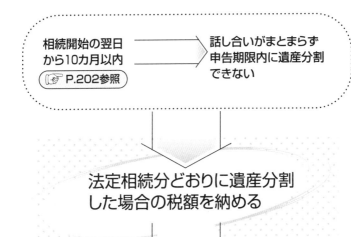

期限までに遺産分割できない場合は?

相続開始の翌日から10カ月以内 → 話し合いがまとまらず申告期限内に遺産分割できない

P.202参照

↓

法定相続分どおりに遺産分割した場合の税額を納める

↓

後で話し合いがまとまったら修正申告・更正の請求をする

申告期限内にまとまらないとその後もまとまらないことが多いようです。申告期限までにまとめるようにしたいものです

11 相続税の申告書類は、どう書くのか？

申告書類は手引書どおりに書けば誰でも書けます

相続税の申告書類は全15表ありますが、第1表が基本になります。第1表以外の申告書は、第1表に付随する計算書（第2表から第8表）と明細書（第9表から第15表）で構成されているように、あくまでも第1表の補足的なものになっています。

相続人が複数の場合も、共同で作成して1組の申告書類を提出すればいいのです。しかし、**相続人の間で連絡がとれないなど事情がある場合は、別々に提出することもできます。**

申告書類の書き方は、税務署に置いてある「相続税の申告のしかた」という手引書に載っています。あちこちに飛びながら書いていくことになりますが、最後には必ず完成するようになっています。手順に沿って記入していくだけなので意外に簡単です。

しかし、やはり素人が完璧に記載するのは至難の技と言えます。

実際は、**土地の評価等もあり、専門家に任せたほうが相続税が安くなる場合も多い**ので、税理士に依頼する人が多いのが現実です。

相続税申告書の種類

第 1 表 ………課税価格・相続税額

第 2 表 ………相続税の総額

第 3 表 ………農業投資価格による相続税額

第 4 表 ………相続税額の加算・贈与税額控除

第 5 表 ………配偶者の税額軽減

第 6 表 ………未成年者控除・障害者控除

第 7 表 ………相次相続控除

第 8 表 ………外国税額控除・納税猶予税額

第 9 表 ………生命保険金など

第10表 ………退職手当金など

第11表 ………課税財産

第12表 ………納税猶予を受ける特例農地等

第13表 ………債務・葬式費用

第14表 ………相続開始前3年以内の贈与財産等

第15表 ………相続財産の種類別価額表

12 贈与税申告までのスケジュールは、どうなっているか？

2月1日から3月15日の間に申告します

贈与税は、相続税とは違って1年ごとに申告することになります。

ある年の1月1日から12月31日までの1年間に、基礎控除額110万円超の贈与があった場合に、翌年の2月1日から3月15日までの期間に、課税価格、贈与税額等を記載した申告書に一定の書類を添付して、贈与を受けた人が納税地の所轄税務署長に提出するわけです。

納税の期間も、申告期間と同じなので注意が必要です。

贈与財産の評価額が110万円以下の場合は、申告をする必要がありません。

ただし、「贈与税の配偶者控除」（↓224ページ）や「住宅取得等資金の非課税制度」（↓226ページ）などを適用する場合は、たとえ最終的に払う贈与税が0円になっても、贈与税の申告をする必要があります。

きちんと、申告しないと、これらの特例が受けられなくなるので注意しましょう。

贈与税申告スケジュール

1年間(1月1日〜12月31日)の間の贈与

↓

翌年の2月1日〜3月15日に申告する

※控除や特例を受ける場合は、贈与税が0円でも申告する必要がある

※「相続時精算課税制度」(P.60参照)を選択する場合も必ず申告が必要です

↓

ただし…

↓

贈与財産の評価額が110万円以下は申請の必要なし

↓

控除などを申告する場合は、たとえ贈与税が0円になっても申告しなければなりません

また、「相続時精算課税制度」（↓60ページ）を選択した場合も、税務署に申告が必要です。この場合は、相続時精算課税制度を選択したことと、贈与額をそのつど税務署に申し出ることになります。

第7章

これで税金が安くなる！節税対策の基本とは？

簡単で効果的な節税方法は、
こんなにあります！

1 対策を立てれば、相続税は安くなります

節税の考え方は、大きく分けて2とおりです

相続税の節税の考え方は、大きく分けると2とおりになります。1つは「生前贈与」、もう1つは「財産評価を下げる方法」です。

「生前贈与」は文字どおり、生前に財産を贈与することです。もちろん、日本の税制のなかで最も高い税金である贈与税がかかってきますが、贈与方法を工夫することで相続税より安く済ませることもできます。また、相続時精算課税制度（↓60ページ）を利用すれば、最大2500万円まで贈与税がかかりません。

一方、**「財産評価を下げる方法」**とは、小規模宅地等の特例（↓116ページ）などを適用して評価額を安くしたり、税額控除（↓158ページ）を適用できるように工夫することで納付税額を安くしようという方法です。

相続税の節税対策には、相続発生後でも取り得る対策もありますが、中心はあくまでも左ページのような生前対策になります。

相続税の生前対策

① 生前贈与活用対策

P.220～229参照

② 土地活用対策

P.230～235参照

③ 生命保険活用対策

P.236～237参照

④ 自社株対策

P.238～243参照

⑤ 世代飛び越し相続対策

P.244～246参照

スムーズな相続、相続税の節税には
生前対策が不可欠

2 「相続時精算課税制度」の上手な活用法は？

収益の上がる土地を受贈すると有利だが、財産価値の下がる土地は不利です

「相続時精算課税制度」（↓60ページ）は、従来の方式との二者択一です。選択は受贈者の意思決定によりますが、どういうケースで選択すると有利でしょうか。

選択して得なのは、収益の上がる土地を贈与してもらった場合です。**たとえば、駐車場を経営できたり、中古車センターに貸与する**ことができれば、年間数百万円の収益があがります。この金額をプールしておけば、相続税の支払いが楽になります。

さらに、その土地に関しては優先的に相続できる可能性が高くなります。生前に受贈したという事実は大きく、分割協議のときに白紙撤回して再分割という話になりにくいからです。

選択して損なのは、受贈時の財産評価額が相続時に下がる場合です。

相続時精算課税制度では、贈与財産として受贈した財産価額は贈与時の時価で計算されます。ですから、たとえば２０００万円の土地の贈与を受けたにもかかわらず、相続時には評価が下落し１０００万円になってしまったケースでは、この方式を選択すると不利なのです。

相続時精算課税が得なケース、損なケース

得なケース

生前贈与時 ──────→ 相続時

評価額2000万円の土地を
贈与してもらい、駐車場を
経営することに

土地の評価額は下がらず、
駐車場の収益があがった

損なケース

生前贈与時 ──────→ 相続時

評価額2000万円の土地・
建物を贈与してもらう

土地・建物の評価額は
1000万円に下落して
いるにもかかわらず、
相続財産の計算では
2000万円（贈与時）
で評価する

3 贈与税の基礎控除額をフル活用しよう!

長期間にわたって贈与すれば、節税額は何千万円以上にもなります

贈与税には、年間110万円の基礎控除額（↓56ページ）があります。つまり、**1年間に110万円までの贈与であれば無税**になります。110万円というのは一見少なく思えますが、この基礎控除額をフル活用すれば節税額は何千万円になることもあるのです。

たとえば、1000万円を贈与したいと考えたとき一度に贈与するのではなく、10年間にわたって贈与すれば贈与税は0円になります。

さらに、同じような贈与を5人に行なうことで、5000万円の贈与でも無税になります。

ただし、この方法には注意が必要です。**同額の贈与を数年間続けると、その総額に対して贈与税がかけられる可能性がある**からです。

たとえば、毎年50万円を20年間贈与したとすると、1000万円の贈与を20年に分割したとみなされて贈与税がかかってしまいます。ですから、毎年、贈与額を変えたり、ときには基礎控除額を上回る贈与をして贈与税を払うなどの工夫をしましょう。

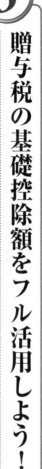

贈与税の基礎控除額

贈与税の基礎控除額＝1人年間110万円

例　10年間にわたって毎年
100万円贈与した場合

↓

トータル1000万円の贈与にも
かかわらず、贈与税は0円です

↓

**長期間にわたって贈与すれば
節税額は何千万円にもなる**

↓

**年間110万円以内の贈与なら
贈与税は0円です**

4 贈与税の配偶者控除を利用しよう！

配偶者控除を利用すれば2110万円まで無税になります

贈与税の配偶者控除とは、**「婚姻期間20年以上の夫婦間で、居住用不動産、または居住用不動産取得のための金銭の贈与に限り、2000万円までは贈与税がかからない」**という制度です。贈与税の基礎控除額110万円（↓56ページ）と組み合わせれば2110万円までは、その年の贈与税はかかりません。しかも、相続開始前3年以内の贈与（↓52ページ）でも2000万円までは相続税がかからないのです。節税対策としてとても有効です。

この**贈与税の配偶者控除を適用するときは、金銭より不動産そのものを贈与したほうが得**になります。不動産の相続税評価額は実際の時価よりも低いのが普通だからです。

贈与税の配偶者控除の適用を受けるための要件は、左ページのようになります。

なお、この特例を適用し税額が0円になったとしても、贈与税の申告は必要になります。

また、配偶者がほかにも多くの財産を持っている場合、配偶者が先に亡くなれば逆に不利になる場合もあるので注意しましょう。

贈与税の配偶者控除

適用要件

① 婚姻期間20年間以上の夫婦間の贈与である

② 居住用不動産もしくは居住用不動産の購入資金の贈与である

③ 贈与された居住用不動産に翌年の3月15日まで住み、その後も引き続き住む予定である

④ 同一の配偶者からの贈与で、この配偶者控除を受けていない

2110万円まで贈与税がかからない

5 子供のマイホーム購入資金を援助して贈与税を0円に！

マイホーム購入資金の贈与なら、最大3700万円まで贈与税が0円！

親や祖父母から資金援助を受けて、子供がマイホームを購入するケースは多くあります。当然、この場合の資金援助も贈与税の対象になりますが、マイホーム購入資金には2つの特例が設けられています。

ひとつは**相続時精算課税制度**（↓60ページ）における2500万円の非課税枠で、一定の要件を満たす直系尊族からの住宅取得等資金の場合は年齢要件が緩和され、子供が20歳以上であれば親の年齢は問わないことになっています（↓巻末用語解説）。

さらに、**住宅取得等資金の非課税制度**で最大1200万円（消費税率10％での契約は最大3000万円）が上乗せされ、非課税枠は最大3700万円（消費税率10％での契約は最大5500万円）となります（↓巻末用語解説）。

贈与税は得で相続のときに不利になるかもしれないというのがこの制度ですから、相続税の基礎控除（↓42ページ）以下の財産の方には、この制度は有利になるでしょう。

相続時精算課税制度を選択した場合の非課税枠

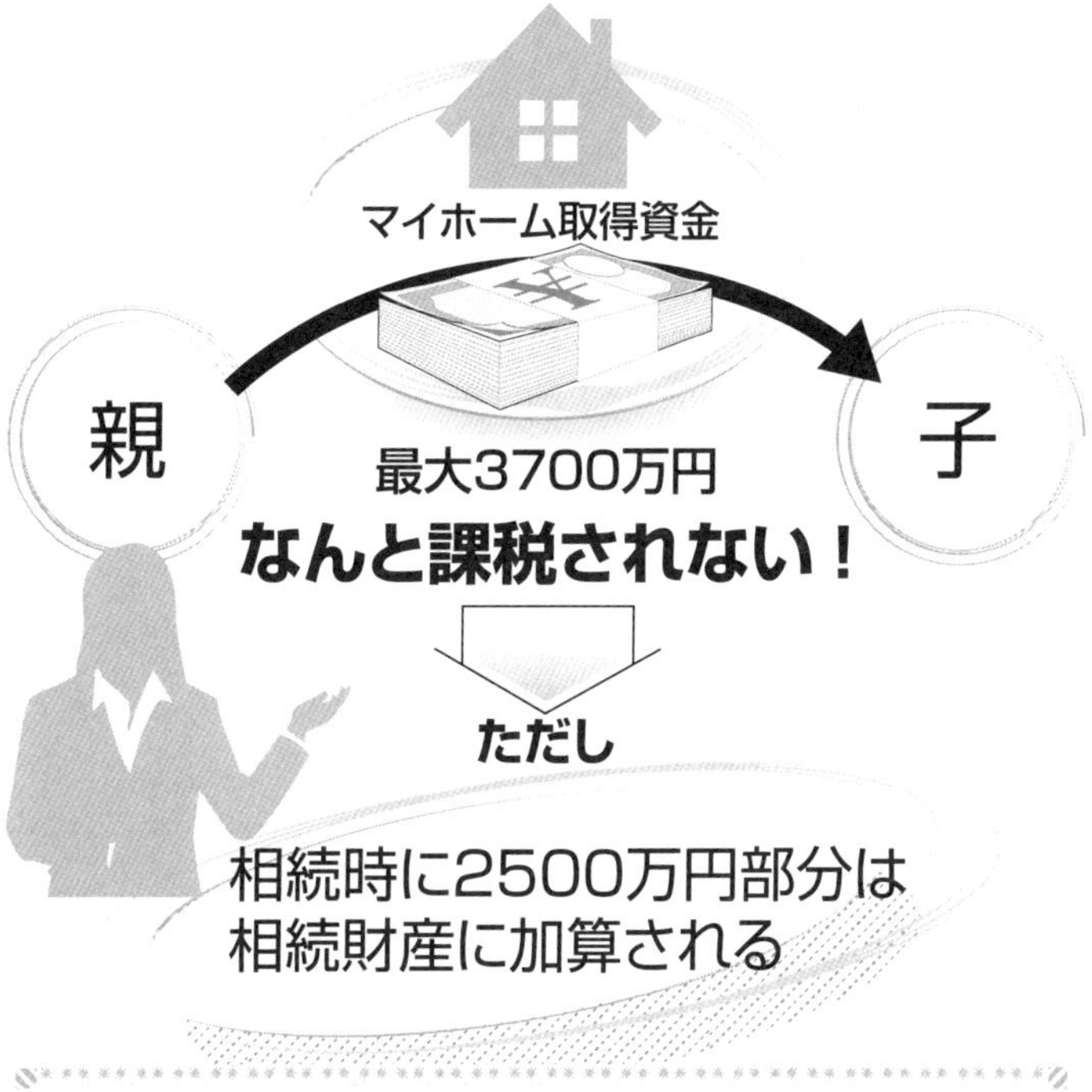
マイホーム取得資金
親
子
最大3700万円
なんと課税されない！
ただし
相続時に2500万円部分は
相続財産に加算される

1200万円部分⇨名実共に非課税。相続時も課税されない
2500万円部分⇨特別控除額であり、相続時に課税される

※契約締結時期により非課税枠が変わります（→巻末用語解説）

最大で3700万円までの贈与が課税されない！

6 孫に教育資金や子育て資金を贈り、贈与税を0円に！

教育や子育ての資金を一括贈与すれば、最大1500万円まで非課税です

マイホーム資金と同様、子供や孫の教育資金にも贈与税の特例があります。

祖父母などから教育資金の一括贈与を受けた場合の贈与税の非課税制度というのがそれで、30歳未満の個人が、教育資金に充てるために直系尊属から一定の要件を満たした贈与を受けた場合は、1500万円まで贈与税非課税となるのです（受贈者の所得制限あり）。

贈与は、祖父母などが金融機関に子・孫名義の教育資金口座などを開設し、教育資金を一括して拠出して行ないます。

ただし、受贈者が30歳になったり、教育資金口座の契約が終了したときは、一種の精算が行なわれます。残額や教育資金以外の支払いがあると、それに贈与税がかかるのです。その年に残額分の贈与があったものとして、贈与税の申告書を提出しなければなりません。

ほぼ同様のしくみで、結婚・子育て資金の贈与税が非課税となる制度もあります。こちらは1000万円までを非課税とし、教育資金ともども令和3年3月31日までの措置です。

教育資金の贈与税非課税制度とは?

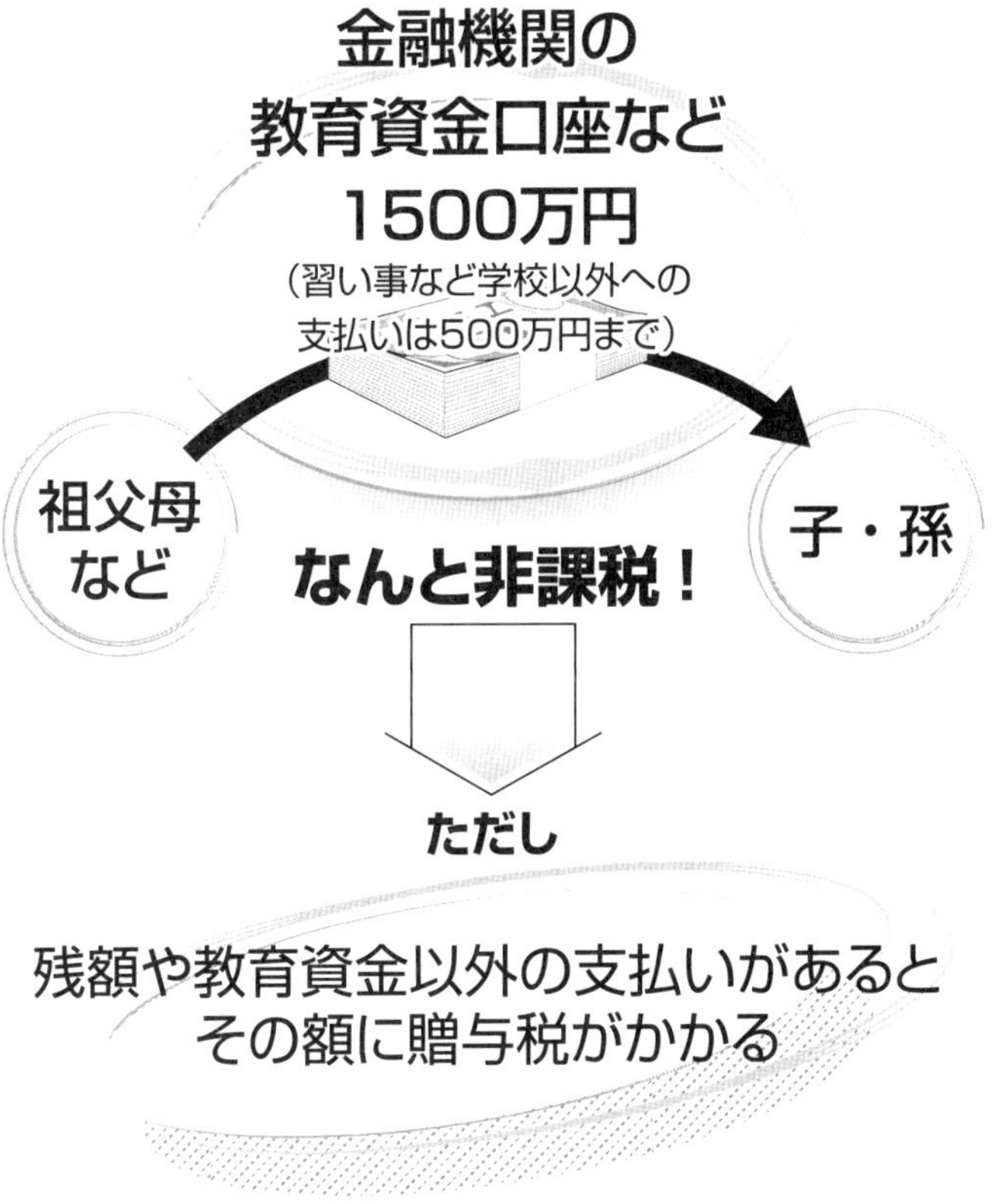
金融機関の
教育資金口座など
1500万円
(習い事など学校以外への
支払いは500万円まで)
祖父母
など
子・孫
なんと非課税!
ただし
残額や教育資金以外の支払いがあると
その額に贈与税がかかる

※受贈者の前年の合計所得金額が1000万円を超える場合は非課税にならない

結婚・子育て資金も1000万円まで
贈与税非課税になる!

7

高く売れない土地は物納しよう！

「物納」したほうが得なことがあります

不動産相場が停滞している時期は、相続した土地を売ろうと思っても相続税評価額より低い価格でしか売却できないことも少なくありません。そんなときは、いっそのことその土地を物納（↓206ページ）してしまいましょう。

物納した財産は相続税評価額で収納してもらえるので、結果的に売却するよりも高い価格で処分できることがあります。また、相続税を納めるための売却であっても相続した土地を売却すると譲渡税がかかりますが、物納してしまえば譲渡税はかかりません。

とくに、**貸宅地（↓110ページ）の底地部分は、ぜひ物納したい財産**です。借地人がいるために自由に処分できませんし、実際に売却するとなると相続税評価額よりずっと安い価格になるどころか、買い手はいないと思ったほうがいいでしょう。

ただし、物納が認められるためには、「相続税を金銭で納付することが困難である」「その土地が物納として適格である」等の要件を満たす必要があるので注意してください。

物納を有効利用する方法

土地

相続税評価額1億円

物納すると1億円

市場で売ると8000万円

だったら物納してしまおう!!

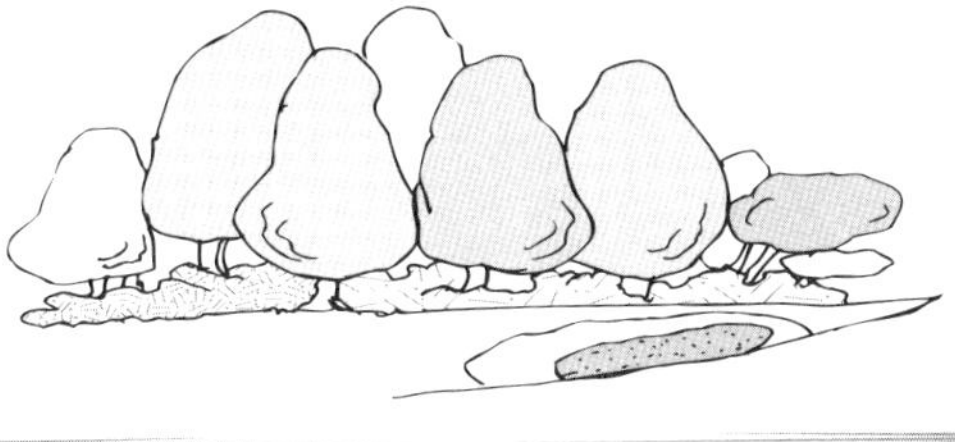

市場価格が相続税評価額より低い場合は物納したほうが得

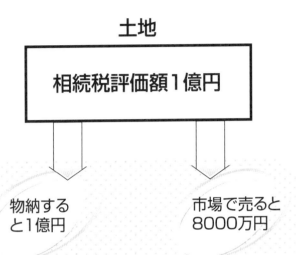

8 アパート、マンションを建て、相続税を0円に！

賃貸用不動産にして相続税評価額を下げよう

アパート、マンションを建てると相続税が安くなる

相続する土地の上にアパートや賃貸マンション、賃貸ビルを建てると、相続税評価額は下がります。**土地の評価は、土地がどう利用されているかによって変わってくる**からです。更地のままだと、土地の評価額は更地の評価額のままになってしまいますが、アパートなどの賃貸物件を建てれば貸家建付地（↓114ページ）になるので評価額は下がるのです。

また、賃貸物件の建っている宅地は事業用の宅地なので、「貸付事業用宅地等の評価減の特例」（↓117ページ）が適用できます。つまり、評価額は面積200㎡まで50％割引になります。さらに、賃貸物件の一部が被相続人の居住用であれば、「特定居住用宅地等の評価減の特例」を適用できるので面積330㎡まで80％割引で評価できるのです。

このように**アパートやマンションを建てることによって、1億円の土地も2000万円で評価することになるのですから、節税効果は非常に大きく**なります。

土地の評価額を下げよう

- 更地のままだと
  ⇨ 相続税評価額のまま評価する

- 賃貸アパート、賃貸マンションを建てると
  ⇨ 貸家建付地（P.114参照）になり評価額が下がる

税
土地の評価額を
下げる方法は
いろいろあります！

土地を有効利用すると相続税は安くなる

◇アパート、マンションを建てれば評価額が3分の1以下になることもある！

それでは、実際にアパートやマンションを建てた場合に評価額がどのくらい安くなるのかを見ていきましょう。

たとえば、自用地評価額1億円の更地（200㎡）と現金5000万円を持っていたとします。このままでは1億5000万円に対して相続税がかかります。

しかし、土地の上に手持ち資金5000万円でアパートを建てたとすると、左ページのように評価額は6050万円まで下がります。

◇借金してアパートを建てると相続税が0円になることも

それでは、土地は余っているけれど自己資金がないという場合はどうすればいいのでしょうか。こういった場合には、借金をしてアパートを建てることによって節税できます。

たとえば右記の例で、**1億円の更地に借金5000万円でアパートを建てた場合、相続税評価額（6050万円）から借金5000万円と基礎控除額を引くことになるので、相続税は0円**です。ただ、資金繰りが苦しくなることは覚悟しなければなりません。

つまり、**アパート・マンションを建てることはメリットばかりではない**のです。土地にもよりますが、家賃収入が少なくて建築費を最終的に回収できない場合もありますし、予想外に空室が多くなり、資金繰りが大変になってしまうこともあるので注意しましょう。

手持ち資金でアパートを建てると……

例　土地の評価額1億円、現金5000万円

借地権割合70%
借家権割合30%
建物の評価額3000万円

● 更地のままにしておく

⇒ **評価額1億5000万円**

● 手持ち資金5000万円でアパートを建てる

土地評価額＝1億円×(1−70%×30%)＝7900万円

アパートの評価額＝3000万円×(1−30%)＝2100万円
土地とアパートの評価額＝7900万円+2100万円
＝1億円

※土地は貸家建付地（→114ページ）、アパートは貸家（→126ページ）

● 貸付事業用宅地等の評価減の特例（☞P.117）を適用

土地評価額＝7900万円×50%＝3950万円
土地とアパートの評価額＝3950万円+2100万円
＝6050万円

● 特定居住用宅地等の評価減の特例（☞P.117）を適用

さらに一部を居住用にすれば特定居住用宅地等の評価減の特例を適用できる可能性があります

賃貸アパートを建てれば相続税は大幅に下がる

9 生命保険って、得なの？　損なの？

非課税限度額分の終身保険は、相続税対策に有効です

相続税対策として、生命保険に入ることを勧められることも多いと思います。節税対策にも、納税資金の確保にも使え、また、遺族にまとまった現金を残すことができるので遺産分割が容易になり、相続争いも防げると考えられるからです。

では、どの保険に入ればいいのでしょうか。やはり、相続税対策ということを考えれば「終身保険」になります。終身保険とは保証期間が決まっていなくて、いつ死亡しても保険金が払われる保険ですが、保険料が高いのが難点です。

とはいえ、亡くなったときに支払った保険料以下の保険金しかもらえなかったとしても、非課税限度額分（↓50ページ）があるので結果的に得することもあります。

節税のために生命保険を考えるなら、非課税限度額分の保険に入っておくのも1つの手です。この場合、生命保険金全額が非課税扱いとなるので、節税対策として確実な効果を得ることができるだけでなく、家族にもまとまった現金を残すことができます。

生命保険に入るメリット

① 非課税限度額があるので節税できる

生命保険金の非課税限度額合計
=500万円×法定相続人の数

② 遺族にまとまった現金が入るので納税資金の確保ができる

③ 相続財産に現金が加わるので相続がスムーズになる

終身保険は節税にも納税資金にも使えるが、保険料が高くなるのが難点です

10 オーナー社長は自社株対策しないと危ない！

純資産価額方式では、会社の純資産額を少なくして評価額を下げます

オーナー社長は生前から自社株の評価を下げるなどの相続対策をしておく必要があります。**相続対策を怠ると自社株に対して多額の相続税がかかってしまう**からです。

自社株は、取引相場のない株式として「純資産価額方式」か「類似業種比準方式」で評価されるので、137ページでどちらの評価方式になるかチェックしてみてください。

まず、純資産価額方式では、会社の持つ純資産をもとにして株価を評価します。ですから、純資産額が多いほど評価額が高くなります。

つまり、評価額を下げるには、不動産に投資したり、退職金を支給したりして純資産額を少なくすればいいのです。

たとえば、土地に投資すると時価より安い評価額になり、貸家建付地の評価（↓114ページ）を利用して純資産を少なくできます。同様に、建物やゴルフ会員権（↓142ページ）など、

時価より評価額が低くなる資産に投資するのも効果的です。貸家ならさらに評価減（↓126ページ）できます。

また、役員に退職金を支給することでも純資産を少なくできます。

純資産価額方式の節税対策

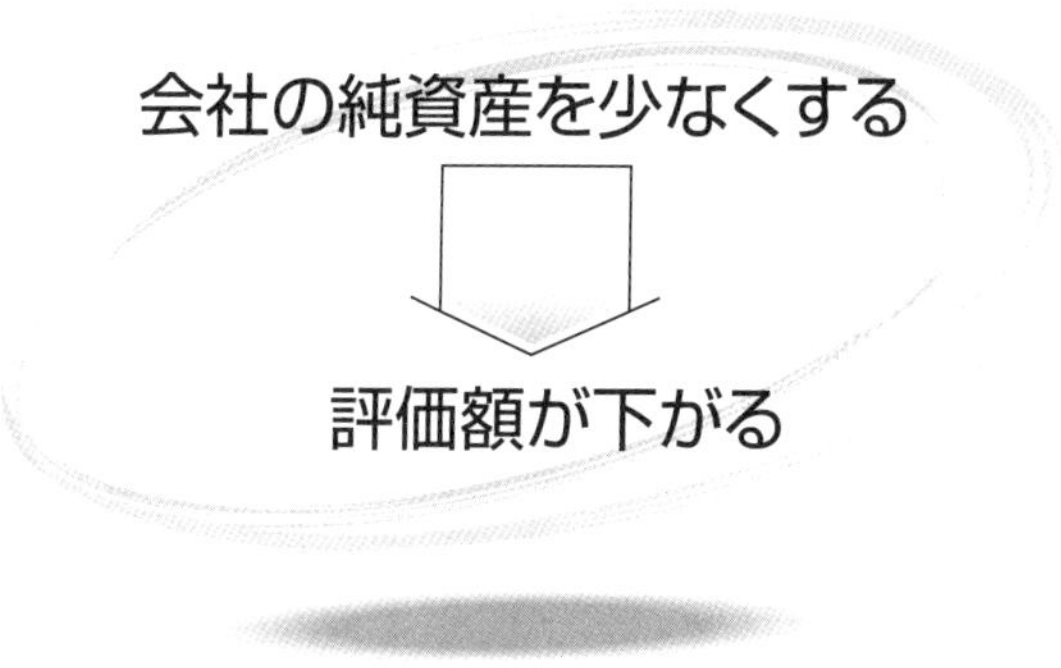
会社の純資産を少なくする
評価額が下がる

税

節税のポイント

- 土地に投資する
- 建物等に投資する
- 役員退職金を支給する　など

11 自社株の評価額を低くする対策をしよう！

類似業種比準方式では配当金額、利益金額、純資産価額を下げます

類似業種比準方式は、類似業種の上場会社と、評価する会社の、株価、配当金額、利益金額、純資産価額などを基に計算します。上場会社の数字は、公表されたものをそのまま使うのでどうすることもできませんが、評価する自社の数字は対策が可能です。

役員退職金の支給で純資産価額を低くしたり、収益部門の分社化などの対策で、評価する会社の配当金額、利益金額、純資産価額の評価額を下げることができます。

ですから、**評価額が低いときに贈与や譲渡をするのも節税対策として有効**になります。具体的には、配当金額、利益金額、純資産価額が低いとき（＝業績が悪いとき）です。景気後退時は評価額が低くなる可能性が高いので、自社株対策をする時期としてはいい時期になります。

また、上場会社の株価も類似業種比準方式を計算するうえでのファクターの1つなので、上場株式が低迷しているときは、評価会社の株価も低く評価されると覚えておきましょう。

類似業種比準方式の節税対策

配当金額、利益、純資産価額を少なくする

↓

評価額が下がる

$$\text{類似業種の株価} \times \frac{\dfrac{\text{当・配当}}{\text{類・配当}} + \dfrac{\text{当・利益}}{\text{類・利益}} + \dfrac{\text{当・純資産}}{\text{類・純資産}}}{3} \times 0.7^{※}$$

類…類似会社のもの（国税庁発表）
当…当社のもの

1株当たり資本金の額が50円でない場合は1株当たり資本金の額÷50円を計算した金額に掛けます

※「0.7」は、中会社に該当する場合は「0.6」、小会社に該当する場合は「0.5」となります

節税のポイント

- 収益部門の分社化
- 役員退職金を支給
- 業績が悪いときに贈与するなど

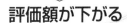

12 「事業承継税制」について知っておこう

要件を満たせば株式などの贈与税・相続税の納税が猶予・免除されます

オーナー社長が何も対策をとらないでいると、後継者は会社の承継に際して多額の相続税を課せられることになります。それが負担できなければ、事業の承継を諦めることになるでしょう。

そこで、**中小企業者の円滑な事業承継を支援するために、相続税・贈与税について税制の特例が設けられています。**「事業承継税制」と呼ばれるものです。

この制度は、一定の要件を満たして認定された非上場会社の株式などを、後継者が贈与や相続で取得した場合に、その相続税などの一部の納税が猶予・免除されるというものです。従来からあった措置（一般措置）に加え、平成30年から10年間は納税猶予割合１００％の特例措置も適用されています。それぞれ細かい要件や手続きがあるので、適用を受けたい場合は税理士などに相談してください。

個人事業者の事業用資産についても、相続税の納税が猶予される制度があります。

相続税・贈与税の納税猶予・免除のしくみ

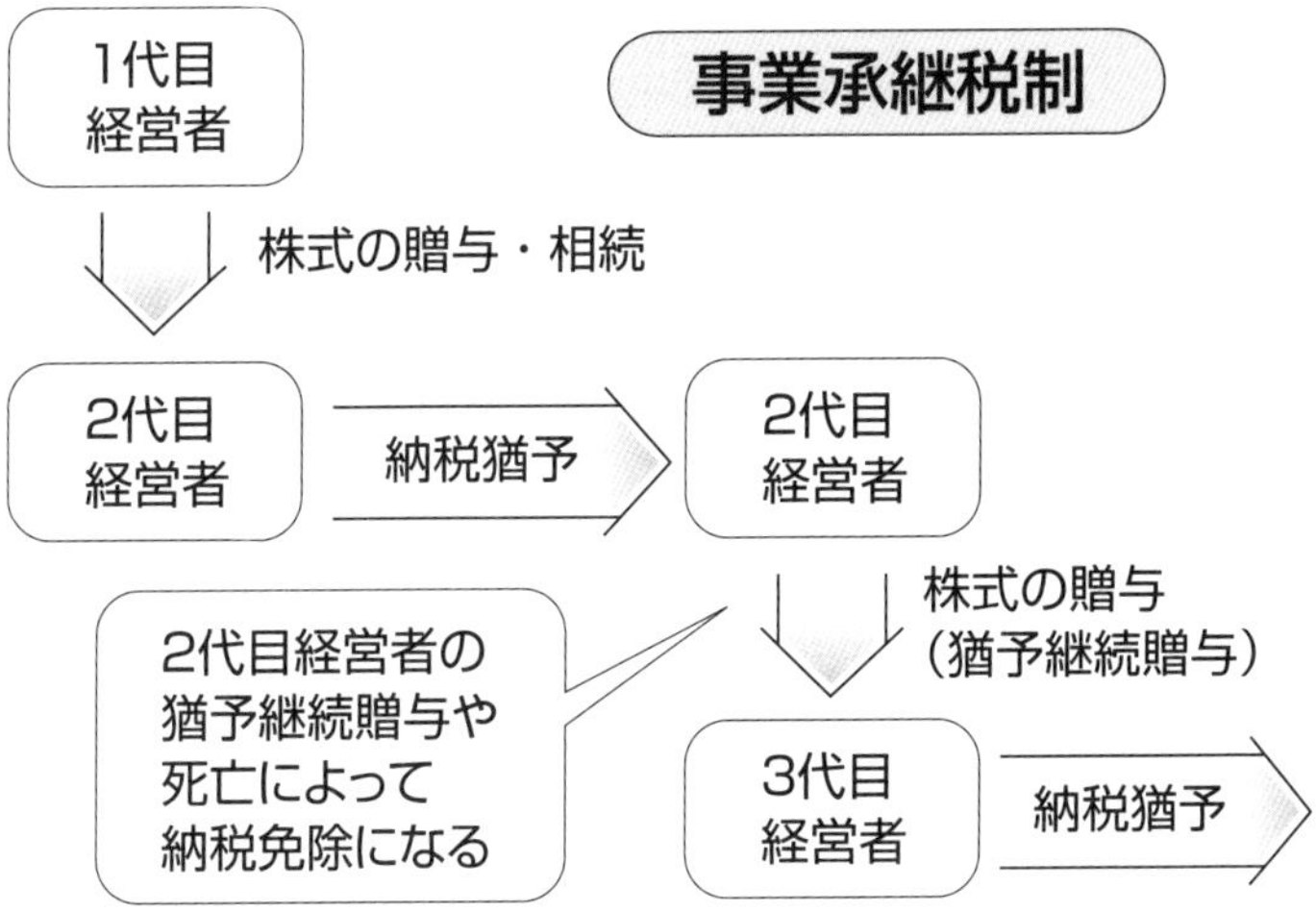

〈事業承継税制の一般措置と特例措置〉

	一般措置	特例措置
適用期間	なし	平成30年1月1日～ 令和9年12月31日
納税猶予 対象株式	総株式数の最大3分の2	全株式
納税猶予割合	相続80%、贈与100%	100%
後継者の数	1人	3人以内

※事前の計画策定等は不要　　※兄弟など複数の
後継者への贈与も可能

13 世代飛び越し相続は得か？　損か？

財産が多い場合は、孫に相続させると得する場合もあります

財産を相続権のない孫に相続させれば、世代飛び越しで相続税の課税を1回逃れることができます。そのとき、相続税には「相続税の2割加算」（↓156ページ）という制度があり、**孫が財産を相続する場合は相続税が2割加算**されます。

ただし、多くの場合、直接孫に相続させたほうが得になります。

詳しい計算の説明は省きますが、親の財産が4億円、子の財産が1億円の場合、何もせずに親から子へ、子から孫へというように2度の相続を経た場合、孫に5億円の財産が移るまでに合計2億6000万円の相続税がかかります。

これに対し、親が死亡したときに4億円の財産をすべて孫に遺贈すると、合計約1億8000万円の相続税で済みます。

両者の差は8000万円です。後者の方が7割弱の相続税で済むことになります。つまり、

世代飛び越しは有利か?

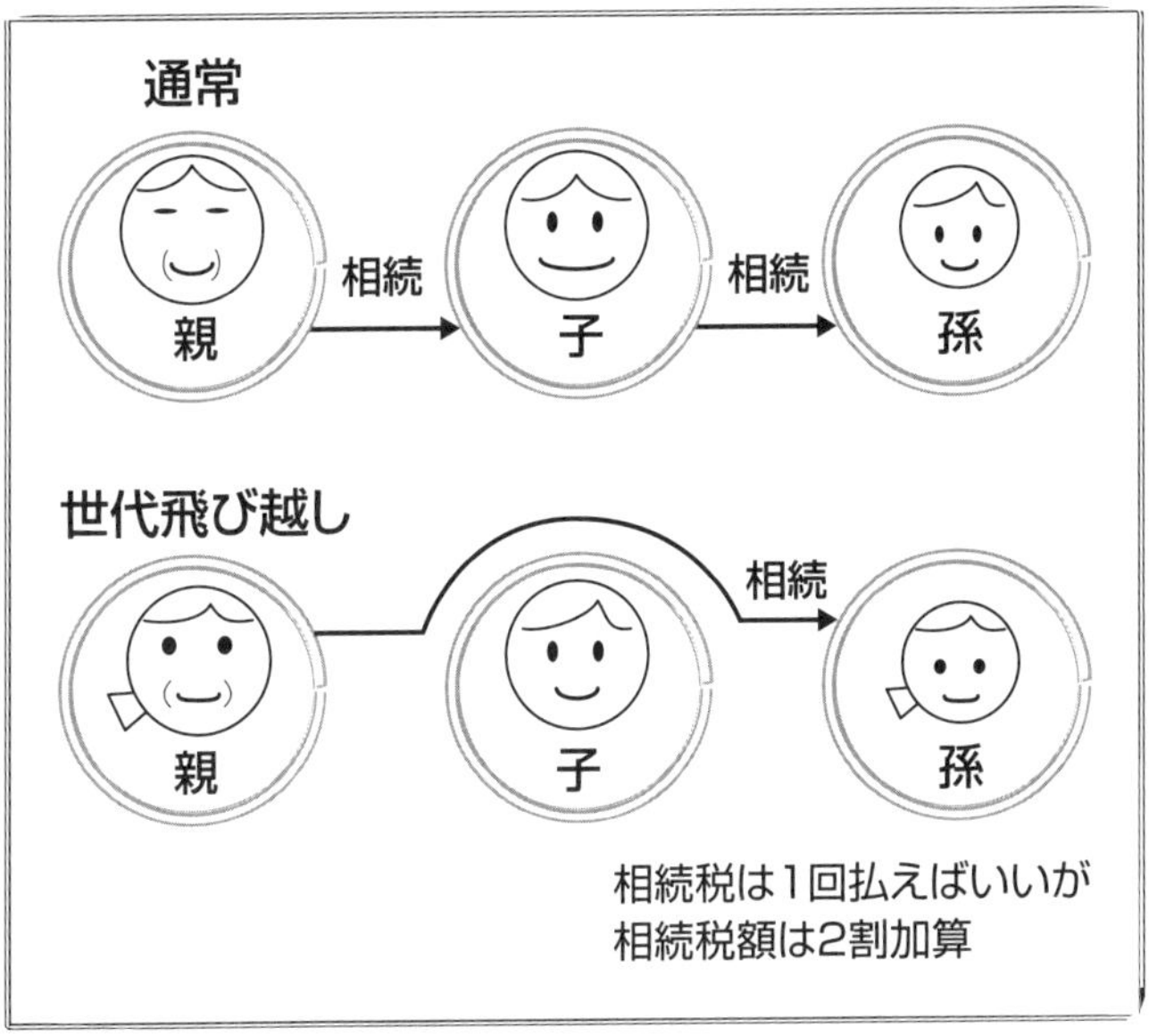

世代飛び越しは財産が多い場合に有利になる！

財産が多い場合は、たとえ1回目の相続で2割多く相続税を取られても、最終的には得するということです。

もちろん、親死亡時から子死亡時までの期間も考慮に入れなければなりません。また、孫に財産を相続させるには、養子にするか遺言書で指定する必要があります。

以上見てきたように、ごく基本的な節税対策でもできることはたくさんあるのです。要は、何をすれば得か、何をしないと損かを知って、できることはすべてするということです。この本の説明が、そのお役に立つことを願っています。

50音順索引＆用語解説

事業として行なう不動産貸付業、駐車場業、自転車駐車場業のほか、「事業」と呼べないような不動産の貸付けでも、対価を得て継続的に行なう場合には「貸付事業」に含まれる。

本書を読んで、相続に関してさらに詳しく
お知りになりたい方は、
下記ホームページをご覧ください 。

http://legacy.ne.jp/lp/

※知って得する相続メールマガジンも無料配信中！

税理士法人　レガシィ／株式会社　レガシィ
〒100-6806
東京都千代田区大手町1-3-1 JAビル6F
tel:03-3214-1717　fax:03-3214-3131

本書は2014年発行の『これだけは知っておきたい「相続・贈与」の基本と常識』を改訂したものです。

【著者紹介】
税理士法人 レガシィ
◎——累計相続案件実績日本一であり、専門ノウハウと対応の良さで紹介者から絶大な支持を得ている、相続専門の税理士法人。
◎——公認会計士、税理士のほか、宅地建物取引士を含め、グループ総数1360名を超えるスタッフが、銀行・不動産の名義変更から相続税申告まで、すべての相続手続きをワンストップで対応する。本書は、豊富な相談・申告事例をもとに、相続税・贈与税およびそのトラブル対策を、わかりやすくまとめたものである。
◎——主な著書に『「親の介護・認知症」でやってはいけない相続』（青春出版社）、『やってはいけないキケンな相続』（KADOKAWA）などがある。

編集協力／ケイ・ワークス（片山一行）
DTP／ベクトル印刷㈱

これだけは知っておきたい「相続・贈与」の基本と常識　改訂版

2020年2月4日　初版発行

著　者　税理士法人 レガシィ
発行者　太田　宏
発行所　フォレスト出版株式会社
〒162-0824 東京都新宿区揚場町2-18　白宝ビル5F
電話　03-5229-5750（営業）
03-5229-5757（編集）
URL　http://www.forestpub.co.jp

印刷・製本　萩原印刷株式会社

ISBN978-4-86680-066-0　Printed in Japan

大好評!フォレスト出版の
「これだけは知っておきたい」シリーズ

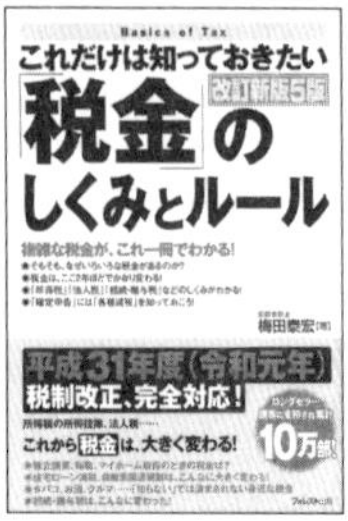

これだけは知っておきたい
改訂新版5版
「税金」のしくみとルール

ISBN978-4-86680-036-3　公認会計士　梅田 泰宏　著　定価：本体1400円+税

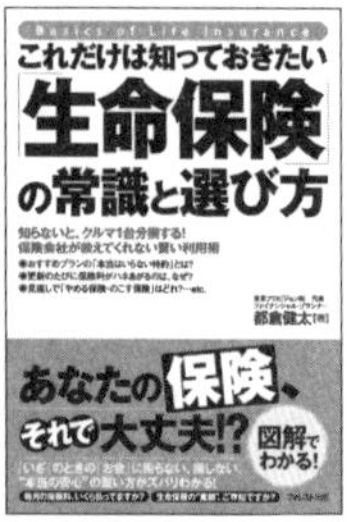

これだけは知っておきたい
「生命保険」の常識と選び方

東京プロビジョン(株) 代表
ファイナンシャル・プランナー　都倉 健太　著

ISBN978-4-89451-490-4　定価：本体1300円+税

これだけは知っておきたい
「独立・起業」の基本と常識

ISBN978-4-89451-527-7　公認会計士・税理士　高橋 敏則　著　定価：本体1300円+税